43

41

Auteur dans la même collection de *A la conquête du Mont-Blanc*, Yves Ballu est ingénieur et docteur ès sciences. Il a d'abord travaillé au Commissariat à l'énergie atomique, avant d'être «Monsieur Montagne» auprès d'Edwige Avice, ministre de la Jeunesse et des Sports. Passionné d'alpinisme et de montagne, il est l'auteur de plusieurs ouvrages sur le ski et l'alpinisme et rassemble une collection exceptionnelle – livres anciens, gravures, affiches, cartes postales, etc. – sur la montagne, l'alpinisme et les sports d'hiver. Il est actuellement chargé de mission-communication au ministère de la Jeunesse et des Sports.

Pour tous ceux que j'aime,
skieurs ou non...
ils se reconnaîtront!

Dépôt légal : novembre 1991
Numéro d'édition : 52960
ISBN : 2-07-053172-4
Imprimerie Kapp Lahure Jombart, à Evreux

L'HIVER DE GLISSE ET DE GLACE

Yves Ballu

DÉCOUVERTES GALLIMARD
SPORTS ET JEUX

Nos aïeux montagnards n'aimaient pas la neige ; ils la considéraient comme une fatalité, le caprice d'une nature injuste. Que les hautes vallées alpines et pyrénéennes soient un peu le bout du monde, que l'isolement condamne leurs habitants à la réclusion, que le travail de la terre y soit pénible et peu productif, passe encore ; mais que, de surcroît, la neige s'acharne à recouvrir bois, pâtures et chemins, à ensevelir les villages, c'est plus qu'il n'en fallait pour détester l'hiver.

CHAPITRE PREMIER

NEIGE AFFREUSE... NEIGE SUBLIME

Pendant longtemps, la neige a été considérée comme un véritable fléau, tant par les montagnards dont elle compliquait la vie que par les alpinistes qu'elle tuait parfois.

Neige affreuse

Comme tous les gamins des villes ou des campagnes, nos aïeux montagnards, à l'âge des culottes courtes, ont d'abord trouvé drôle de confectionner des boules de neige – petites pour les batailles, grosses pour les bonshommes –, ils ont pris plaisir à glisser sur ce revêtement magique, à gambader dans cette matière moelleuse, à se moquer des vieilles gens à la merci d'une glissade malencontreuse, à profiter de cette désorganisation inopinée pour échapper provisoirement aux obligations quotidiennes.

Sans doute ont-ils apprécié de se retrouver dans l'intimité du cercle familial, spectateurs attentifs

Ce jeune alpiniste, comme beaucoup de randonneurs du siècle dernier égarés à proximité de l'hospice du grand saint Bernard, devra la vie au flair de cet animal providentiel et au dévouement des bons moines de l'hospice, qui furent parmi les premiers à s'initier au ski, sans pour autant abandonner la soutane!

des longues veillées conviviales, partageant la réclusion des «grandes personnes», gravant dans leur mémoire les histoires que les anciens tenaient de leurs aïeux. Des histoires extraordinaires où se mêlaient le réel et l'imaginaire, des histoires de cette haute montagne mystérieuse et inquiétante, des histoires de dragons géants crachant le feu et la lave, d'esprits maléfiques toujours prêts à châtier les intrépides, de chasseurs ou de cristalliers victimes de leur audace, des histoires de froid, de vent, de neige.

Et puis les enfants ont fini par trouver longues ces journées sans soleil, ils se sont ennuyés entre ces murs noircis à la suie où la place manquait pour jouer, ils ont compris qu'ils étaient pensionnaires de l'hiver et ils ont commencé à ne plus aimer la neige.

Val-d'Isère, val «misère»

Que disait-on à Val-d'Isère au début du siècle,

Une fois déclenchée, l'avalanche emporte tout sur son passage : arbres, maisons, bétail ainsi que les malheureuses victimes qui se trouvent sur sa trajectoire. Aujourd'hui, on évite de construire dans les couloirs d'avalanche et différents systèmes de protection ont été mis au point : pare-avalanche et déclenchement par moyens pyrotechniques. La meilleure protection reste encore la forêt, lorsqu'elle est intacte.

aux premiers flocons? «Continuation du mauvais temps, un jour, deux jours de passable, puis la neige et toujours la neige, la neige est revenue et depuis trois jours plus d'espoir, le bétail est définitivement enfermé pour six mois... Nous avions un peu espéré que l'hiver allait nous oublier; il faut en rabattre maintenant. Depuis un mois la neige nous a relégués dans nos habitations; tout le travail de la campagne a cessé; [...] En attendant mars et avril, nous sommes obligés d'admirer la blancheur de la neige. [...] Depuis fin octobre, le col de l'Iseran n'a été traversé par aucun voyageur, pas même par un habitant.» (*Revue alpine,* 1903-1904). Les guides touristiques de l'époque renchérissaient en décrivant de façon catastrophique la vie des paysans : «Afin d'éviter le froid extrêmement rigoureux de l'hiver, les habitants choisissent pour leurs

❝ Dès que le froid commence et que la neige couvre le sol, les paysans abandonnent les étages supérieurs de leur maison pour venir pêle-mêle avec le bétail dans les écuries en sous-sol.❞

Capitaine Clerc, *Rapport sur les expériences de ski...* , 1902

❝ L'avalanche, incessamment suspendue sur la tête du pauvre berger, est presque toujours trop soudaine pour qu'on la puisse éviter. Il est vrai que son tonnerre gronde aussi et la précède; mais elle frappe presque en même temps, et n'est guère moins rapide que la foudre céleste. Si terrible que soit ce phénomène, il n'est pourtant que la conséquence fortuite d'un immense et fidèle bienfait de la nature; ces provisions de neige, qu'elle amasse sur les montagnes, alimentent nos fleuves et nos rivières pendant toute l'année.❞

Le Magasin pittoresque, février 1851

maisons un terrain en pente, et les enterrent à demi dans le sol. La première pièce servant d'écurie en été, s'ouvre à l'extérieur sur la rue, mais, à l'intérieur communique avec une cave divisée en appartements souterrains. En hiver, la grande salle, vaste espace où la lumière n'entre que par un étroit soupirail, sert en même temps d'écurie pour les bestiaux et de chambre à coucher pour la famille.» (Guide Joanne de la Savoie, Hachette, 1895).

Construits en bois, les chalets n'étaient généralement chauffés que par un unique poêle autour duquel s'organisait la vie de famille : repas, veillées, activités artisanales.

Voilà pourquoi la neige était considérée comme calamiteuse; au reste, le voyage à Val-d'Isère était, même en été, une véritable expédition : «L'excursion de Bourg-Saint-Maurice à Val-d'Isère exige de sept à huit heures de marche [...]. A six heures et demie environ de Bourg-Saint-Maurice, on atteint le village de Tignes [...]. Pendant six mois de l'année, Tignes disparaît sous la neige, et bien souvent les habitants, pour communiquer entre eux, sont obligés de percer des tunnels à travers l'épaisse couche de glace qui les ensevelit [...]. Au sortir de Tignes, on continue à traverser des prairies et des cultures, puis on s'engage de nouveau dans une étroite gorge dont les parois sont formées de roches qui se désagrègent facilement et occasionnent souvent au printemps de terribles avalanches. De nombreuses croix plantées le long de la route rappellent le souvenir de ces désastres.

❝ La plupart de ces maisons souterraines sont d'une malpropreté repoussante. Dans la plupart, on ne brûle que du fumier de mouton desséché, le bois étant fort rare.❞

Guide Joanne, *Savoie*, Hachette, 1895

On passe au hameau de Daille, amas de misérables masures accrochées aux flancs de la montagne qui les engloutira un jour sous ses débris. On débouche dans un vallon de prairies, et, après avoir franchi l'Isère, on atteint Val-d'Isère.» (H. Linarix, *Guide pratique illustré de la Savoie*, 1895).

Que faire en hiver à Val-d'Isère?

En somme, Val-d'Isère n'était guère plus attrayant pour un Grenoblois que ne pouvait l'être la Sibérie pour un Parisien. Il avait fallu plus de deux siècles pour amener les citadins à s'intéresser en nombre à la montagne estivale, celle qui de juillet à septembre offre un climat tonique, des promenades sportives, des ascensions prestigieuses.

A partir du XVIIIe siècle, les inventeurs de l'alpinisme avaient progressivement transformé quelques misérables bourgades suisses et savoyardes en stations touristiques prospères,

Ces trois alpinistes (en bas), posant avec leurs guides après une course en haute montagne, sont équipés du matériel traditionnel : piolets, cordes, gourdes, souliers à clous, vêtements, sans doute achetés dans les quelques magasins spécialisés de Paris, Genève, Londres ou Grenoble, ou par correspondance dans le catalogue de la Manufacture des armes et cycles de Saint-Etienne (ci-dessus).

Pour ces contrebandiers opérant à la frontière des Alpes (page de droite), l'alpinisme n'était pas une distraction, et la neige représentait simplement un risque supplémentaire.

lieux de rassemblement mi-sportifs, mi–mondains.

Mais, combien étaient-ils, ces villages suisses et français dont les noms résonnaient jusque dans les salons londoniens de la reine Victoria ? Chamonix, Zermatt, La Grave, Grindelwald... ? Une demi-douzaine tout au plus. Tous les autres étaient condamnés à la solitude, à la pauvreté, à l'anonymat. En ce début du vingtième siècle, Val-d'Isère n'était pas au nombre des stations prestigieuses.

L'hiver carcéral

Certaines descriptions de l'époque avaient des allures d'apocalypse : «Sauf quelques rares chasseurs, braconniers ou contrebandiers, les habitants gênés par l'épaisse couche de neige qui couvre le sol, saisis par le froid extérieur, d'autant plus que leurs écuries sont surchauffées, sortent le moins souvent possible. Lorsqu'ils abandonnent par hasard leurs écuries pour aller à l'extérieur, où le thermomètre descend jusqu'à 25 ou 30 degrés au-dessous de zéro, ils subissent en quelques secondes une différence de température d'au moins 50 à 70 degrés : ils ne tardent pas à contracter des pleurésies,

des pneumonies ou des bronchites qui les rendent tuberculeux, lorsqu'ils ne meurent pas immédiatement.» (Capitaine Clerc, *Rapport sur les expériences de skis exécutées dans les environs de Briançon par le 159e régiment d'infanterie au cours des hivers 1900–1901 et 1901–1902,* 1902).

Au-delà des poncifs et des exagérations, on peut retenir trois données essentielles pour rendre compte de la situation des hautes vallées alpines au début de ce siècle : 1°) Faute d'infrastructures routières et ferroviaires, de nombreux sites étaient inaccessibles aux touristes. 2°) Sans hôtels chauffés et convenablement aménagés, il n'était guère possible d'y accueillir en hiver des étrangers, dans des conditions d'hygiène et de confort acceptables.

Depuis longtemps les raquettes à neige (à gauche) étaient connues dans les pays froids, surtout dans les Alpes et au Canada. De forme variable – oblongues au Canada, circulaires dans les Alpes –, elles étaient faites d'un cadre en bois tendu de boyaux ou de cordelettes. Elles évitaient au pied de s'enfoncer dans la neige mais ne permettaient pas de glisser.

3°) Si, durant l'été, la perspective de randonnées, voire d'ascensions pouvait constituer un mobile suffisant pour attirer des citadins, rien de tel n'était envisageable durant la «morte saison».

Le tourisme montagnard était exclusivement estival et surtout masculin jusqu'à la fin du siècle dernier. Cette cordée féminine sur la mer de Glace, à Chamonix, est plutôt inhabituelle.

Des touristes anglais en Suisse

Les Anglais du siècle dernier aimaient la Suisse, particulièrement ceux qui, chaque été, s'offraient le voyage «aux Alpes». Cette préférence qui frisait parfois l'injustice – le Mont-Blanc et la vallée de Chamonix étant généralement situés en territoire suisse dans les guides de voyage ! – était entretenue par les bénéficiaires d'une industrie déjà prospère : les hôtels, bien tenus et confortables, accueillaient chaque été une clientèle mi-sportive, mi-contemplative, le plus souvent fortunée qui, malheureusement, s'évanouissait aux derniers jours de septembre. Alors commençait la «saison morte» pendant laquelle chacun restait chez soi, les Anglais au salon, les Suisses à la ferme.

Jusqu'au jour où, au début des années 1860, un hôtelier avisé de Saint-Moritz, Johanes Badrutt, se mit en tête de modifier le cours de l'histoire : «Chers amis, dit-il à ses hôtes, nous sommes à la fin septembre et vous voilà sur le départ, tristes à la pensée de devoir patienter jusqu'à l'été prochain pour retrouver ce pays que vous aimez tant. Mais, pourquoi attendre une année ? Revenez à Noël prochain : vous découvrirez un paysage encore plus beau, un ciel plus bleu, un soleil plus chaud, et la neige étincelante !

– *What is* «le neigétincelante» ? s'inquiétaient les Anglais.

❝ Si vous n'êtes point initiés à la grande montagne, nous vous conduirons à des hauteurs plus modestes, puisque nous avons aussi des glaciers pour dames et enfants. Si vous cherchez simplement à faire une cure d'air, dans l'oubli des villes et des hommes, nous vous indiquerons des retraites merveilleuses.❞

Le Briançonnais,
«Itinéraires Miriam»,
Rondelet-Goret (1900)

Ascension à dos de mulet pour cette élégante, au début du siècle. Rien n'était négligé pour le confort des «étrangers» en visite dans les Alpes, particulièrement en Suisse, pays de vieille tradition touristique.

– Si vous venez l'hiver prochain, le whisky sera gratuit, répondit l'aubergiste.»

Vaincus par une telle force d'argumentation, les sujets de la reine Victoria acceptèrent la proposition et s'en revinrent l'hiver suivant, en 1864, à l'hôtel «Engadiner Kulm». Le whisky, un peu plus frais, n'en était pas moins gouleyant, quant à la «neigétincelante», ils la trouvèrent «*very exciting*», et s'en amusèrent follement. L'astucieux Badrutt avait gagné son pari : Saint-Moritz allait devenir le premier centre de villégiature hivernale des Alpes, et les Anglais, les premiers clients d'une industrie prometteuse. L'année suivante, le whisky

A l'époque où les sports d'hiver étaient encore des jeux de société sur neige et sur glace, l'imagination des *sportsmen* n'avait aucune limite, comme en témoignent ces patineurs à voile près de Stockholm.

n'était plus gratuit mais les touristes étaient de retour, déjà plus nombreux. Certes, les journées sont plus courtes en hiver, et la pension de famille Kulm était confortable (dès 1878, elle sera équipée d'un système d'éclairage électrique), mais la «neigétincelante» était si belle! Alors, ils s'y sont roulés, ils l'ont pétrie, piétinée, ils ont fabriqué des jouets, redécouvert des jeux pratiqués en d'autres lieux, en ont inventé de nouveaux...

Jeux de neige, jeux de société

Le curling écossais, par exemple. Opposant deux équipes de quatre joueurs, c'est une espèce de pétanque sur glace où les boules sont remplacées par des *stones*, sorte de galets pesant une quinzaine de kilos et pourvus de poignées pour les lancer. Afin d'en faciliter la glissade et d'en infléchir la trajectoire, les concurrents balayent la glace devant le stone en mouvement, «avec une ardeur qu'on ne saurait exiger de sa propre

«Le curling se joue entre deux équipes de quatre joueurs [...]. La difficulté consiste à donner au *stone* de l'effet, comme on en donne à une bille de billard, pour lui permettre de se faufiler entre les stones qui lui barrent le chemin. Ce sport est en somme fort amusant et, pour la galerie, une partie de son charme réside dans l'ardeur et le sérieux de ses adeptes, qui, en Ecosse, reçoivent souvent comme prix d'un match une poignée d'honneur en argent ou en or, conservée soigneusement dans un écrin et qu'ils vissent sur le stone dans les grandes occasions.»

F. Honoré, *L'Illustration*, 2 février 1924

femme de ménage», ce qui, dans une ambiance très britannique, ne manquait pas de pittoresque.

En 1880, une première compétition fut organisée à Saint-Moritz et, quelques années plus tard, d'autres «stations» suisses aménagèrent des patinoires pour le curling : Davos, Arosa, Grindelwald. En 1876, on savait déjà construire des patinoires artificielles et en 1900, nombre de grandes villes en possédaient (New York, Glasgow, Manchester, Paris, Lyon, Bruxelles, Munich, Nice, Berlin, Buenos Aires, Vienne...). Mais la possibilité de disposer de patinoires naturelles constituait un attrait supplémentaire pour les stations alpines, soucieuses de proposer à leur clientèle la plus grande variété de distractions, parmi lesquelles la plus populaire était le patinage – de figures (individuel ou par couples), de vitesse, ou à voile.

La convivialité du patinage – qui permet de se retrouver en société, de bavarder, de regarder et de se montrer – est sans doute la raison essentielle de la vogue des années 1900, peu d'activités sportives offrant de meilleurs prétextes aux mondanités, dont

Les sports d'hiver sont pour l'essentiel des sports de «glisse» : sur la glace, avec le patinage très en vogue au début du siècle, sur la neige avec la luge dont il existait de nombreux modèles, en bois ou en métal, à patins ou à fond plat, individuelles ou collectives.

« En tant que sport, [le tobogganing] nous vient du Canada où il était pratiqué depuis fort longtemps par les Indiens Micmacs, qui avaient donné le nom de *tobaakun* à l'engin recourbé à l'avant avec lequel ils glissaient sur la neige fraîche le long des collines. [...] Le sport de tobogganing a conquis à présent, non seulement la Suisse tout entière, mais la France, l'Allemagne et l'Autriche, et se trouve être à l'heure actuelle le sport d'hiver le plus à la mode. »

R. de la Frégeolière, dans Louis Magnus, *Les Sports d'hiver*, 1911

nos aïeux en vacances étaient si friands. Grâce au patinage à voile (*ice yachting*), les amateurs de sensations fortes pouvaient filer sur la glace à des allures vertigineuses (près de 130 km/h), mais les difficultés techniques et la nécessité de disposer de lacs gelés très vastes et peu fréquentés ont contrarié le développement de cette discipline. Il était en effet plus simple d'emprunter aux Indiens du Canada leurs *tobaakuns*, ancêtres des bobsleighs, et de se lancer, seul ou à plusieurs, sur les chemins forestiers aménagés pour la circonstance. C'est ainsi qu'ont vu le jour les différentes disciplines du *tobogganing* : luge, bobsleigh et skeleton.

De haut en bas : luge suisse de Davos, luge canadienne, skeleton et toboggan canadien.

Bobsleigh et luge à la Belle Epoque

Ah ! comme ils se sont amusés nos ancêtres sur les pentes de Davos, du Leysin, de Saint-Moritz, d'Arosa, des Avants, de Chamonix..., et quels trésors d'ingéniosité n'ont-ils pas déployés pour améliorer les performances de leurs engins diaboliques ! S'inspirant de la technique automobile et mettant à contribution les compétences locales (menuisiers, forgerons, bourreliers, etc.), ils perfectionnèrent les «lugeons», «bariots», «grassoles» et autres «barcots» des paysans suisses, en remplaçant

les patins de bois par des semelles métalliques plus effilées, et en ajoutant une partie articulée pour la direction, avec volant, freins, sièges, carénage, etc. Il ne leur restait plus qu'à organiser de véritables compétitions avec règlement, trophées, médailles, palmarès et photos pour la postérité. «Sur les chemins, les sentiers, toutes les routes en pente, glacées ou couvertes d'une épaisse couche de neige tassée, la luge étend sa souveraineté démocratique et populaire. Les personnes timides, les mères de famille craintives et leur tendre progéniture se trouveront bien d'enfourcher ce modeste engin, qui sera pour elles l'occasion de distractions les plus variées» (Louis Magnus, *Les Sports d'hiver*, 1911).

A Saint-Moritz, la fameuse «Cresta Run», méticuleusement damée, soigneusement remblayée avec de la belle neige lisse et dure, offrait aux amateurs de luge et de bobsleigh une piste de vitesse appréciée autant par les

C'est généralement avec les pieds que se conduit une luge, à la différence du bobsleigh (page de droite), dont les patins avant sont orientables grâce à un volant, et qui disposent d'un système de freinage : des crocs métalliques qui s'enfoncent dans la glace.

« Il n'y a peut-être pas beaucoup de spectacles plus émouvants que celui d'une arrivée de course de bobs. Qu'on soit au poteau d'arrivée ou à un virage en cours de route, on ne peut voir sans frémir cet appareil bas, avançant par bonds avec un bruit de ferraille et de bois qui claque… »

R. de la Frégeolière, *op. cit.*

Match de hockey Allemagne-Canada, à Chamonix, vers 1920.

sportifs en pull-over et bonnet de laine blanc que par les spectateurs en manteau noir et col fourré. La remontée des engins s'effectuait à cheval.

Les positions adoptées ne manquaient pas de pittoresque : depuis celle des «hardies lugeuses» agrippées à plat ventre sur leur engin, et celle plus réservée des jeunes filles assises, jambes allongées de chaque côté, buste penché en arrière, mains sur les cuisses pour retenir la jupe, jusqu'à celle des spécialistes à la mine compassée, démontrant – à l'arrêt – la manœuvre de leur engin, sans oublier celles, plus frivoles, des bobsleighs collectifs dont les passagers ne parvenaient pas toujours à garder leur sérieux.

Il y avait encore bien d'autres distractions proposées aux touristes étrangers en villégiature hivernale dans les Alpes : le bandy, ancêtre du hockey sur glace, la raquette à neige importée du Canada et mille activités encore, exotiques et conviviales.

Où l'on commence à parler du «patin à neige»...

Le nom de ces longs patins de bois – *sky*, *skye* ou *ski* –, instruments dont les Norvégiens passaient pour être les inventeurs, était connu de quelques-uns. Restait à lui trouver une déclinaison : comment fallait-il appeler ceux qui se livraient à quelques expériences? «Skytes», «patineurs», «skieurs»?

Mais le problème était sans importance, du moins pour l'hôtelier suisse qui avait gagné son pari : en 1900, l'hiver n'était plus une saison morte pour la dizaine de stations à la mode où quelques milliers d'amateurs fortunés avaient pris l'habitude de retrouver la neige. La neige n'était plus «affreuse» à Davos, à Grindelwald ou à Chamonix qui jouissaient du prestige hérité d'une tradition touristique déjà ancienne. Pour autant, elle l'était toujours à Val-d'Isère et dans la quasi-totalité du massif alpin : quel promoteur aurait été assez fou pour espérer y attirer les amateurs de curling, de patinage, de luge ou de bobsleigh? Quel hôtelier aurait pu espérer y voir ces toilettes élégantes, y entendre les conversations les plus raffinées? Et pourtant...

Le montagnard de Val-d'Isère qui chaque année se désespérait aux premières neiges

❝ La transformation [du ski] en engin sportif est due aux habitants de Télémark en Norvège qui, les premiers, eurent l'idée d'organiser des courses et des concours de sauts. [...] Mais la diffusion du ski en Norvège et sa nationalisation, pour ainsi dire, ne date que de 1879 où les Télémarkois enthousiasmèrent les populations norvégiennes aux concours d'Huseby, près de Christiania. Dès lors, toute la Norvège se mit à pratiquer le ski et l'adopta comme véritable sport national.❞

Louis Magnus, *op. cit.*

Avant 1910, le ski était si nouveau que son orthographe variait : «sky, skie, ski»... Quant au mode d'emploi, il fallait l'improviser. Ainsi, pendant une dizaine d'années, a-t-on utilisé un seul bâton.

avait-il jamais imaginé qu'en d'autres pays les pâtures blanchissaient aussi en hiver et que les hommes, confrontés à la même difficulté à se mouvoir, avaient depuis longtemps trouvé la solution? Avait-il lu aucun récit de voyageurs relatant le mode de vie des Canadiens, des Lapons, des Norvégiens? Non, sans doute. Personne n'avait eu l'idée d'établir un rapprochement entre les coutumes des Scandinaves, habitant des régions plates et enneigées, et celles des «Alpins», établis en haute et moyenne montagne. Personne... ou presque.

26
25
24
23
22
21
50
49
48
47
46
51
54
56
55
52
53
2
43
34
37
38
39
40
41
42
35
36
5
6
7
8
9
10

Le 11 avril 1897, le «Petit Journal» consacrait sa page de couverture, en couleur, à un explorateur norvégien, Fridtjof Nansen, auteur déjà légendaire de l'un des exploits les plus extraordinaires de l'histoire de l'humanité : la traversée intégrale du Groenland – cinq cents kilomètres de neige, de glace, de crevasses, de vent, de froid, de souffrance, de faim – cinq cents kilomètres à pied... donc à skis.

CHAPITRE II

DU SKI UTILE AU SKI LOISIR

Fièrement campé sur la banquise, entouré de chiens de traîneau, tenant dans sa main gauche une sorte de piolet à manche démesurément long, et chaussé d'une paire de skis, Fridtjof Nansen pensait-il qu'un jour le ski ne serait plus qu'un jeu?

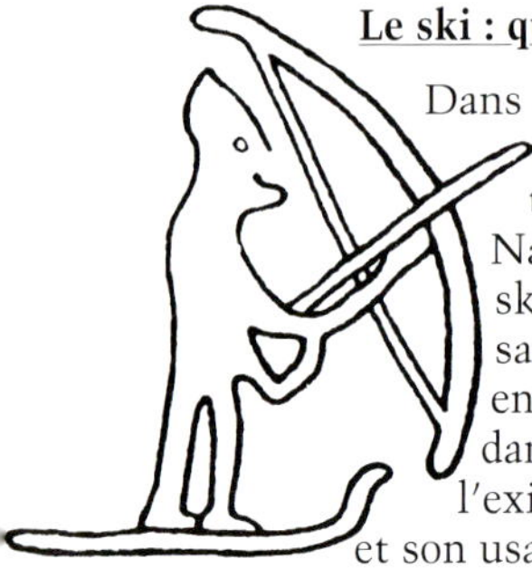

Le ski : quatre mille ans d'histoire

Dans le récit de son odyssée, paru en France en 1893 sous le titre *A travers le Groenland,* Nansen a longuement décrit le ski, son histoire, sa fabrication, sa technique, et révélé au monde entier (son livre a été traduit dans toutes les langues) l'existence du «patin norvégien», et son usage plusieurs fois millénaire dans les pays du Nord. La lecture de cet ouvrage n'a pas manqué de susciter l'intérêt de ceux qui connaissaient les Alpes et les problèmes de la neige en haute montagne.

«Passionnant!», se sont exclamés les historiens qui,

Des illustrations parfois très anciennes (gravures rupestres, livres du XVIe siècle) et très approximatives (le ski se réduit à un long sabot effilé) montrent comment le ski était utilisé par les chasseurs norvégiens et suédois. Certains modèles de skis, retrouvés dans les marais scandinaves, datent de 2000 ans avant Jésus-Christ.

passant en revue les rayons de leur bibliothèque, ont mis la main sur de nombreux livres – dont certains datant du seizième siècle (Olaus Magnus, *Historia de gentibus septentrionalibus,* 1555) racontant avec force détails «le moyen utilisé par les Lapons pour se déplacer rapidement sur la neige» et «poursuivre le gibier si vite qu'en certains cas, ils arrivent à le rattraper». Ils ont déniché de curieuses gravures représentant des chasseurs, des soldats, des paysans chaussés de patins de bois aux formes parfois invraisemblables; ils ont retrouvé des récits fantastiques d'enfants-rois sauvés par d'intrépides skieurs, d'armées mises en déroute par d'habiles patineurs, de princesses séduites par le «meilleur skieur du royaume»; ils ont redécouvert les sagas, ces chansons de geste des pays du Nord où le ski jouait parfois le premier rôle, en somme une véritable mythologie du ski dont l'histoire remontait à plus de quatre mille ans!

Les Lapons à la poursuite d'un renne, les voyageurs, et plus généralement tous ceux qui avaient à se déplacer sur la neige, devaient, bon gré, mal gré, s'initier à l'art du ski ou tout au moins de la marche à ski.

Les alpinistes intéressés par le ski

«Intéressant...» ont pensé les alpinistes : voilà enfin le moyen de prolonger au-delà de l'automne notre saison. Ils ne manquaient en effet ni de courage, ni d'obstination, mais les premières chutes de neige à moyenne altitude sonnaient le glas de leurs activités : finis les préparatifs de course, les départs à l'aube, les retours glorieux.... Certes,

Tout d'abord, il faut apprendre à marcher. Ensuite, on peut se risquer à tourner (ci-dessous), mais c'est plus difficile.

le mont Blanc a bien été gravi en hiver (par Isabelle Stratton et son guide Jean Charlet, en 1876) et l'alpinisme hivernal a bien quelques adeptes, mais les marches d'approche sont très longues, parfois même impossibles lorsqu'il faut se frayer un chemin dans plusieurs mètres d'épaisseur de neige.

«Nous avons la solution», pensèrent les alpinistes grenoblois, Henri Duhamel et ses amis, Thorant, Berge, Paul, Bonchayer, Flusin, Gauthier, qui, dans les années 1880, firent venir de Norvège plusieurs paires de skis et se livrèrent à quelques expériences, au demeurant peu concluantes : «Pour ce qui fut de mes "planches", comme mes collègues en alpinisme qualifiaient irrévérencieusement ces skis (dont l'appellation exacte aujourd'hui si vulgarisée m'était inconnue), je dois avouer que durant d'assez longs jours, je me trouvais aussi embarrassé d'en tirer convenablement profit qu'une carpe peut l'être d'une pomme. La difficulté essentielle pour moi résultait de la fixation de l'appareil aux pieds» (Duhamel, préface pour *Le Ski* de Hoek et Richardson, 1905). La solution, en effet, n'était pas simple, car non seulement les pionniers du ski alpin – Duhamel en France, Iselin en Suisse, Zdarsky en Autriche – n'avaient pas de professeurs à leur disposition, mais les engins qu'ils avaient fait venir de Norvège étaient essentiellement conçus pour le plat, c'est-à-dire pour la marche, alors que dans les Alpes, il était indispensable de savoir descendre, et donc d'effectuer des virages et de contrôler sa vitesse.

Du ski militaire...

Cette transformation du ski scandinave en ski alpin ne s'opérera pas sans difficultés. «Voilà ce qu'il nous faut», se dirent les militaires occupés à garder nos frontières tout au long de l'année, hiver compris, et qui se voyaient condamnés à une immobilisation inconfortable autant qu'inutile aux «postes des neiges». Un militaire immobile peut-il garder une frontière? C'est précisément à quoi songeait le capitaine Clerc, en poste à Briançon, après avoir

L'une des difficultés techniques à laquelle se sont heurtés les premiers skieurs alpins résidait dans la fixation des chaussures : comment assurer la rigidité nécessaire à la conduite des skis tout en ménageant une articulation au bout du pied pour pouvoir marcher? La fixation à lanières et étrier, conçue par le Norvégien Fritz Huitfeld (à gauche), a été commercialisée à partir de 1897.

Les alpinistes connaissaient depuis longtemps les dangers de la haute montagne, particulièrement ceux de la neige et des avalanches. Les skieurs, pour la plupart novices en la matière, se sont parfois fait surprendre, particulièrement les pionniers de la randonnée à ski.

RAPPORT
sur les
EXPÉRIENCES
DE
SKIS
Exécutées Environs
de BRIANÇON
par le 159e Regt d'Infie
au Cours des Hivers 1900-1901 et 1901-1902
Texte du Capitaine CLERC du 159e
Croquis de l'Adjudant TRASTOUR du 159e

découvert le ski norvégien.

Stimulé par les expériences de son homologue transalpin, le colonel Zawattari qui, depuis deux ans déjà, s'efforçait de rompre ses hommes à l'art de la glissade contrôlée, Clerc introduisit, dès 1901, l'usage du ski au 159e régiment d'infanterie alpine de Briançon. Cette fois encore, la maîtrise de ce qu'on appelait déjà la «bicyclette des neiges» n'alla pas sans de multiples péripéties, cocasses ou tragiques. Il en fut ainsi de certains mouvements restés célèbres – tel «l'arrêt Briançon» consistant à saisir le premier arbre à portée de main pour stopper, fût-ce au prix d'une chute, une vitesse jugée excessive – de certaines manœuvres exécutées à ski, en formation serrée, avec l'équipement complet («armés de la carabine de cavalerie, chargés de quarante-huit cartouches et de paquetages contenant quatre jours de vivre et des effets de rechange»), de certaines compétitions destinées à comparer l'efficacité des skis norvégiens et celle des raquettes

« J'étais, l'hiver, dans les Alpes françaises pour essayer les skis norvégiens avec les soldats français. [...] Ils avaient de mauvais skis, des instruments contrefaits, allemands ou italiens, un système d'attache pitoyable et de déplorables chaussures; mais cela ne les empêchait pas de se mettre en route en toute confiance. Il fallait toujours marcher avec les armes et le sac complet. On les chargeait comme des petits mulets. Ils étaient malgré tout intrépides et gais. »

Capitaine Angell, *Impressions de voyage*, 1904

989 Skieurs du 159e aux chalets du Lans — Pic de Rochebrune
Casse des Oules

canadiennes, voire d'autres moyens de locomotion (luge traînée par un cheval, hommes à pied, etc.), d'accidents parfois tragiques telle cette chute d'un homme du capitaine Clerc qui, à la traversée d'un fossé, s'empala sur l'extrémité ferrée de son unique bâton et mourut. Au terme de son volumineux *Rapport sur les expériences de skis exécutées dans les environs de Briançon...* (*op. cit.*), publié en 1902, le capitaine pouvait affirmer : «De tout ce qui précède, nous croyons pouvoir conclure que la création d'une école de ski analogue à celle fonctionnant déjà en Italie s'impose sur notre frontière...».

... au ski civil

Quant aux montagnards, les premiers concernés par l'utilisation du ski, ils ne semblaient guère intéressés par cette nouveauté, et ils continuaient, reclus et misérables, d'endurer l'hiver dans leurs chalets insalubres. «Hommes, femmes, enfants, bestiaux, vivent

Quelques guides de haute montagne se sont intéressés au ski alpin dès l'origine, c'est-à-dire dès le début du siècle. Leur technique n'était pas pour autant irréprochable, comme en témoigne ce guide chamoniard, «descendant du Mont-Blanc à ski», dont l'équilibre semble précaire.

en commun dans des habitations mal aérées et se nourrissent de vivres grossièrement préparées et conservées. Il en sort au printemps des adultes anémiés et des enfants rachitiques et idiots. L'école est privée d'élèves, le facteur passe rarement et les malades sont livrés aux ressources de leur pauvre organisme.» L'auteur de ces lignes savait de quoi il parlait : le docteur Payot était en effet médecin à Chamonix, et, sans doute, fut-il le premier (dès 1905) à adopter les skis pour la visite de ses patients.

D'autres voix se sont jointes à la sienne pour encourager la diffusion de ce nouveau moyen de locomotion. Ainsi, le capitaine Clerc qui, lui aussi, avait eu l'occasion de fréquenter quelques-uns de ces villages figés par l'hiver, et qui, non content de plaider la cause du ski militaire, s'était inquiété du sort des populations civiles : «Nous ne doutons pas que si un cours d'instruction arrive à être organisé régulièrement à Briançon et si les militaires participant à ce cours vont cantonner successivement dans tous les centres des hautes vallées, si les officiers font aux habitants quelques petites conférences sur la manière d'employer les skis et surtout leur montrent sur leurs terrains les résultats que l'on peut obtenir avec ces instruments, la partie jeune de la population se mettra rapidement à ce sport. De petites sociétés s'organiseront, feront des concours et le ski arrivera à entrer complètement dans les mœurs de nos populations alpines [...].

C'est au docteur Michel Payot, né en 1869, que revient le mérite d'avoir introduit le ski à Chamonix. Grand amateur d'alpinisme, il s'était fait envoyer des skis de Scandinavie. On lui doit l'invention de la haute route Chamonix-Zermatt, un grand classique de la randonnée. On le voit ici à Montgenèvre, en 1907, lors du premier concours international de ski, songeant sans doute à celui qu'il allait organiser lui-même l'année suivante au pied du Mont-Blanc.

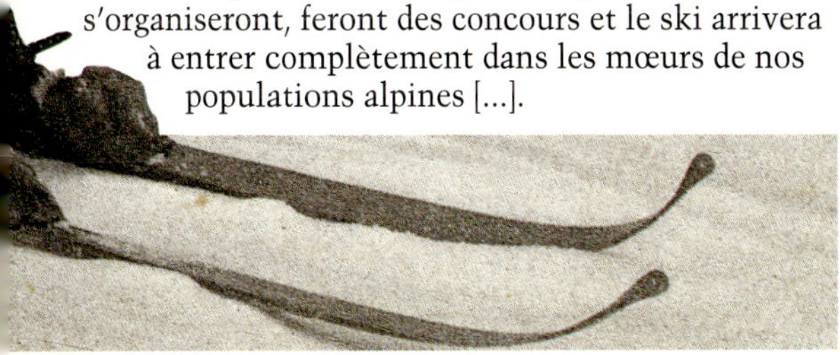

A ce moment, les jeunes gens cesseront de rester confinés dans leurs écuries malsaines, ils sortiront, iront en montagne respirer l'air pur, ils s'apercevront, en rentrant dans leurs sous-sols, que l'atmosphère est viciée, surchargée de mauvaises odeurs et trop chaude; ils se décideront à les nettoyer et peut-être renonceront-ils à y habiter pour regagner les étages supérieurs qu'ils occupent en été. [...]

Ce sera le meilleur moyen pour nos troupes alpines de recevoir des skieurs tout dressés, connaissant bien la montagne et capables dès leurs premiers jours de service d'être utilisés comme guides. Il serait très utile que tous les hommes désignés pour être dressés aux skis soient originaires des hautes vallées des Alpes, où ils pourront, après leur libération, continuer à pratiquer ce sport et l'enseigner à leurs compatriotes» (*op. cit.*). L'Ecole de Briançon, dont l'idée revient donc au capitaine Clerc, fut créée en 1904 par le ministre de la Guerre.

Basée sur le concept de ski «utilitaire», la croisade du Touring Club de France ne rencontra qu'un succès modeste; c'est le ski «inutile» qui allait quelques années plus tard connaître un développement extraordinaire.

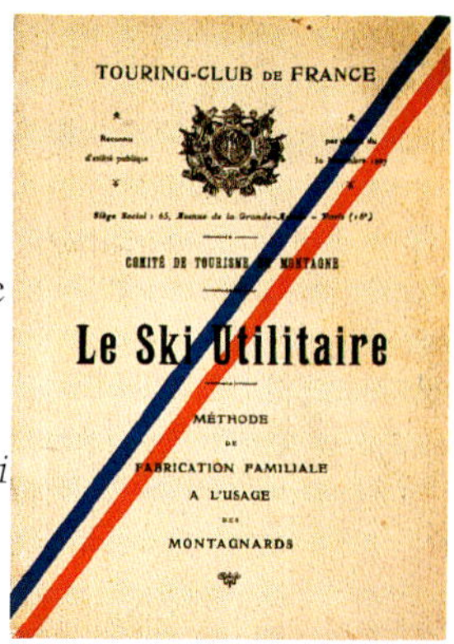

La croisade du Touring Club

En 1910, le Touring Club de France publie *Le Ski utilitaire*. La couverture de l'opuscule du T.C.F. est barrée de bleu, blanc, rouge. C'est dire si les ambitions de son comité de tourisme-montagne

sont nationales et si cette «méthode de fabrication familiale à l'usage des montagnards» s'inspire de sentiments hautement prophylactiques, ou du moins ayant trait à la salubrité publique.

Le Touring Club de France, comme le Club alpin français, et plus généralement les organismes nationaux concernés par le tourisme en montagne, sont en effet sensibilisés, en ce début de vingtième siècle aux problèmes posés par la neige et entendent y apporter des solutions.

Comment? Mais tout simplement grâce au ski – le ski «utilitaire» – qui va permettre aux militaires de

Alors qu'à Chamonix s'organisaient les premières compétitions de ski (auxquelles participaient les guides, ci-dessus), des cartes postales représentaient des militaires effectuant un sauvetage dans la neige : entre le ski de loisir et le ski d'utilité publique, le débat était loin d'être tranché. Il le sera précisément avec l'afflux des spectateurs, venus en masse assister aux premiers concours et qui, rapidement, se transformeront en adeptes enthousiastes.

défendre nos frontières ensevelies sous la neige, aux alpinistes de retrouver le pied de leurs montagnes en toute saison, aux montagnards de quitter leurs habitations insalubres, aux médecins de visiter leurs malades, aux facteurs de distribuer le courrier. La lettre adressée, en 1909, par le directeur des Postes et Télégraphes au président du Touring Club constitue à cet égard un témoignage éloquent : «Vous avez bien voulu, en novembre 1908, envoyer à titre gracieux, pour le service en montagne des facteurs ruraux de l'Ardèche, quatre paires de skis qui ont été immédiatement utilisées. Les résultats obtenus ont été merveilleux : au bout de quelques mois d'exercices, le facteur Haond, au concours de skis de Sainte-Eulalie (mars 1909), arrivait premier dans la course de fond avec un temps remarquable, le facteur Jolivet suivant troisième. Je n'ai pas manqué d'adresser à ces sous-agents mes félicitations, avec note spéciale au dossier, à titre d'encouragement. Au point de vue plus spécial de la distribution postale, les quatre détenteurs de ces appareils ont pu constamment assurer leur service dans des conditions climatiques où d'ordinaire toute sortie était auparavant considérée comme impraticable ou dangereuse. En présence d'un tel succès, j'ai

❝ Les deux hivers 1904-1905 et 1905-1906 vinrent répandre tellement de neige, que, pendant plusieurs semaines, le service postal fut interrompu. [...] Le maire se présenta au bureau, se faisant fort de transporter à Morez, et d'en rapporter, les sacs de dépêches accumulées et embouteillées : «Les règlements ne permettent pas de confier les dépêches à des personnes non assermentées», opposa la receveuse qui, cependant, finit par céder aux instances du maire-skieur. [...] Ce transport original et tout à fait improvisé des dépêches fut un événement dans le pays et déclencha un mouvement qui, très vite, entraîna les hésitants.❞

cité par la revue du Touring Club, 1935

l'honneur d'insister vivement auprès de vous pour que la généreuse initiative du Touring Club se continue et je vous prie de bien vouloir me faire adresser pour la campagne d'hiver prochaine le plus grand nombre possible de skis. J'espère, plus tard, me basant sur les résultats probants déjà acquis, obtenir de mon Administration qu'elle accorde aux nombreux facteurs desservant les régions où la neige tombe avec abondance, et persiste huit mois de l'année, une allocation spéciale qui leur permette d'acheter eux-mêmes ces engins. En attendant, votre généreux concours me paraît, cette année encore, indispensable et je n'hésite pas à le solliciter instamment.»

La «bicyclette des neiges»

Le raisonnement du Touring Club est simple : le ski utilisé depuis plusieurs millénaires dans les pays scandinaves est sans conteste l'instrument le plus utile qui se puisse imaginer pour les montagnards durant la saison hivernale. Or, pour des raisons inexplicables, son usage est resté pratiquement inconnu dans les Alpes. Il est donc temps d'agir, et de contribuer, par une vigoureuse campagne nationale pour la diffusion du ski, au bien-être des populations montagnardes.

Sur le thème de «la poste en Norvège», cette carte postale du début du siècle montre un skieur dans une attitude caractéristique, avec notamment le grand bâton unique, manié à la façon d'une rame de gondole, qui servait tout à la fois au contrôle de la vitesse (le freinage étant assuré par simple pression) et au maintien de l'équilibre. Dans les virages, l'utilisation du bâton simple s'avérait délicate et peu performante, et dès 1910, l'usage des bâtons doubles fut généralisé.

Cette représentation quasi allégorique d'un facteur à ski (au centre), comporte quelques erreurs : la canne n'a pas de rondelle, les fixations sont fantaisistes, et la position du skieur est trop reculée.

Joignant le geste à la parole, le Touring Club distribue gratuitement trois cents paires de skis dans quelques communes des Alpes et des Pyrénées, à charge aux maires de les répartir entre les instituteurs, les agents des Postes, des Domaines, des Forêts, etc. Mais, il faudrait bien plus de trois cents paires de skis pour faciliter la circulation pendant l'hiver dans nos pays de montagne, et les moyens du Touring Club n'y suffiraient pas. Aussi l'association parisienne imagine-t-elle d'aider les «indigènes» à fabriquer eux-mêmes leurs skis.

Dès 1905, l'édition française du *Manuel de ski* de l'Allemand Wilhelm Paulcke proposait deux recettes de fabrication «familiale» : «A la main au-dessus d'un feu de charbon de bois», «A la vapeur avec un gabarit». La première méthode, dite «de la luge», consistait à forcer la courbure de la planche (préalablement taillée aux dimensions désirées) par le moyen d'un réchaud à charbon de bois, tout en utilisant une luge pour la fixation de l'ensemble : «Un traîneau de bois est d'une grande utilité. En passant le ski à recourber entre les planches longitudinales du traîneau et en l'y fixant, on s'épargne l'obligation pénible de le tenir à la main. La pointe du ski est ainsi tirée vers le bas au moyen d'une corde que l'on tend de plus en plus jusqu'à ce que l'on ait atteint la courbure voulue. Cette opération est naturellement plus facile lorsqu'on est deux.»

Leçon de ski en 1903 : le ski est en bois. Il est représenté (en bas) avec sa fixation en osier, et le virage conversion est parfaitement exécuté par ce valeureux skieur barbu.

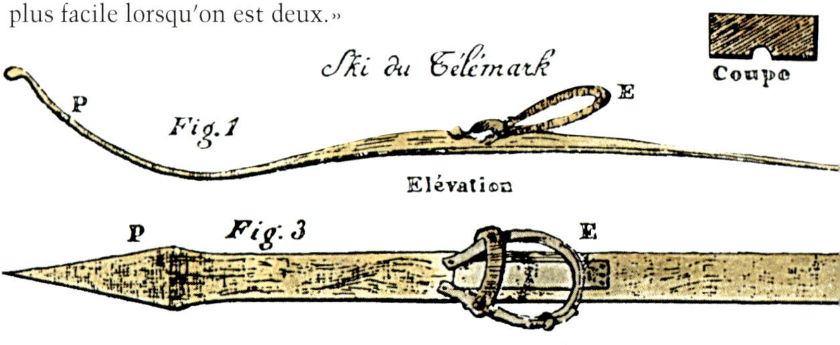

La deuxième méthode, dite «du chaudron», utilisait la vapeur d'eau avec deux variantes possibles; l'une plus industrielle s'opérant au moyen d'un gabarit à la forme du ski : «On l'expose alors à la vapeur au-dessus d'une grande chaudière et on l'y laisse au moins une heure»; l'autre plus artisanale utilisant l'un de ces grands chaudrons de cuivre employés pour la fabrication de la tomme : «On place le ski en travers sur deux lattes et on le charge en suspendant des poids puis on fait bouillir pendant une heure». Les gamins savoyards qui n'avaient pas la libre disposition du chaudron à skis se débrouillaient avec des douves de tonneaux dont la forme imitait, très approximativement, le galbe des skis norvégiens.

On peut s'interroger sur la sollicitude des édiles du Touring Club, du Club alpin et d'autres associations de «promotion du tourisme en montagne» à l'égard des populations montagnardes : s'agissait-il d'altruisme ou de colonialisme?

A qui appartient la montagne : aux skieurs ou aux alpinistes?

Les différentes campagnes de promotion du ski se sont soldées par un échec. «L'exemple donné par les skieurs militaires exercés à Briançon de 1901 à 1905 n'a pas décidé les populations des Hautes-Alpes à faire du ski. D'où vient cet échec?» s'interrogeait le capitaine Clerc, celui-là même qui avait prophétisé quelques années auparavant.

Dans le même temps, les alpinistes ratiocinent : le ski est-il une activité de haute montagne se réclamant des valeurs traditionnelles de l'alpinisme, ou est-ce simplement du patinage sur neige?

Le géologue et alpiniste Paulcke réussit en 1897 la première traversée de l'Oberland bernois à skis. Extraits de son livre, voici deux procédés aujourd'hui abandonnés : la luge et le chaudron, qui permettaient de galber les planches, sans garantir pour autant leur similitude.

« J'estime en effet qu'il est d'une grande importance d'amener la population pauvre des montagnes à fabriquer par des procédés simples et à la portée de chacun cet engin si utile pour faciliter les communications. Les montagnards doivent pouvoir se passer du matériel livré par le commerce, toujours trop cher pour leurs moyens. »
W. Paulcke, *op. cit.*

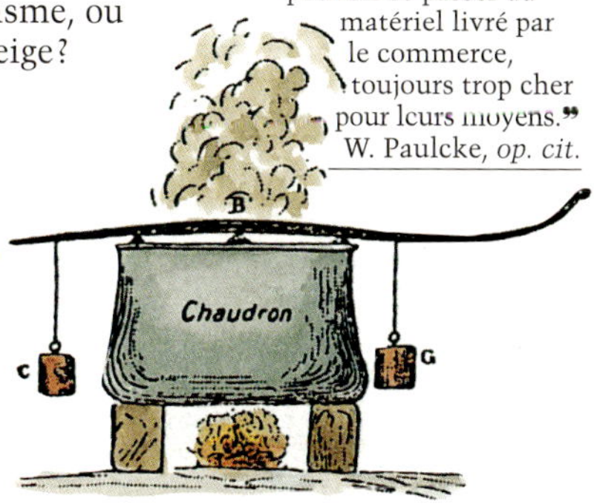

Cette grave question anime quelques réunions du Club alpin : – Loin de nous la pensée de vouloir combattre le ski!, s'exclamaient les uns.
– Mais qu'arrive-t-il maintenant : on nous demande des subventions pour construire des refuges dans la toute basse Alpe exclusivement destinés aux skieurs!, rétorquaient les autres.
– Le ski peut fort bien être de l'alpinisme, tout simplement : il peut et devrait même se confondre avec lui jusqu'à ne former qu'un tout. Cela dépend uniquement du skieur, du but qu'il se propose, s'il recherche avant tout des jouissances morales que la nature peut lui prodiguer, c'est un alpiniste comme les autres, suggéraient les uns.

– Si par contre ce skieur a pour but principal celui de se livrer à un exercice, à un «jeu», fort intéressant et passionnant soit dit à sa décharge, il n'a guère droit à l'aide du Club : ce n'est pas un alpiniste, s'insurgeaient les autres.

A travers ces différents arguments (extraits des délibérations du Club alpin suisse en 1905), se dessinent le clivage fondamental entre ski et alpinisme, et la crainte d'une colonisation culturelle de la montagne.

Les touristes envahisseurs

L'argumentation garde , encore aujourd'hui, l'essentiel de sa force : pour des raisons évidentes de

« Ce sport [ski-joering, ou ski attelé] consiste à se faire tirer en ski par un cheval [...]. Son introduction dans l'Europe centrale est fort récente. Les premières courses de ski attelé ont, en effet, eu lieu à Saint-Moritz, en 1906-1907. Il est depuis longtemps en honneur en Suède où l'on fait de très longues courses de ce genre. »

Louis Magnus, *op. cit.*

Le Club alpin français a beaucoup œuvré pour le développement du ski dans les Alpes. Organisateur, en 1907, du premier concours international, il a ouvert et aménagé de nombreux refuges pour accueillir les skieurs au cours de leurs sorties dominicales, comme ce «chalet du recoin», situé aux environs d'Uriage, dans l'Isère.

Pour les hôteliers, la recommandation du Club alpin français était un argument de séduction important : cette plaque en émail, apposée à l'entrée de leurs établissements, était destinée à mettre en confiance les touristes de passage.

sécurité, mais également de défense d'une culture déjà ancienne, les alpinistes – professionnels ou non – considèrent que la haute montagne est un domaine réservé sinon aux spécialistes, du moins à ceux qui en acceptent la primauté. Or, ces skieurs qui n'avaient pas l'expérience, pas davantage le culte de la haute montagne, ni la connaissance des gestes techniques, des dangers, du milieu, de l'histoire, des grandes figures, etc., étaient au mieux des intrus, au pire des hérétiques.

Il convenait donc soit de les repousser «dans la toute basse Alpe» soit de les convertir au culte des «jouissances morales» de la haute montagne. C'est cette dernière solution que retint le Club alpin

Sports d'hiver
Norvège.

Aux pays des sports d'hiver

Quand on parle de sports d'hiver, on pense généralement au ski, considéré aujourd'hui comme le sport hivernal par excellence. Il n'en a pas toujours été ainsi, comme en témoigne cette série de chromolithographies publicitaires du début du siècle, illustrant de façon quelque peu fantaisiste les différents jeux auxquels, dans les pays du froid, se livraient les adeptes de la chose sportive : le ski en Norvège (ci-contre), le patinage à voile au Danemark (ci-dessous), la luge au Canada et le curling en Ecosse (pages suivantes).

Sports d'hiver
Canada.

Sports d'hiver
Ecosse.

français en décidant d'organiser un grand concours de ski à Montgenèvre. Nous sommes en 1907, l'Allemagne, forte de treize clubs de ski (dont celui de la Forêt-Noire, avec ses deux mille adhérents), en a déjà organisé une dizaine au cours de l'hiver précédent. Avec dix-neuf «sociétés de ski» et des stations déjà réputées pour leurs compétitions (Kitzbühel, Saint-Anton, Murau, Mürzzuschlag), l'Autriche se trouve également, devant la France et l'Italie, en tête des pays de l'arc alpin pour la promotion du ski.

La France est donc en retard, en dépit du zèle de quelques précurseurs : Henri Duhamel et quelques

Un état des lieux des sports d'hiver en 1905 : ski (avec un seul bâton), raquettes, luge et bobsleigh dans une ambiance d'élégance et de mondanité sportives.

amis grenoblois, Thorant, Gauthier, Berge, Bertrand, fondateur du Ski Club des Alpes dont la première – et mémorable – sortie avait eu lieu dès 1896; le capitaine Clerc, fondateur, en 1901, de la première école (militaire) de ski; le docteur Payot, inventeur, en 1903, de la «haute route Chamonix-Zermatt» (avec les guides Joseph Couttet, Alfred Simond et Joseph Ravanel); Falisse et Sallenave dans les Pyrénées; Brosse et de Cesolle dans les Alpes Maritimes, Péclet et Rousselet dans le Jura, Offeman, Febery et Pillet dans les Vosges, sans oublier les Parisiens Cuénot, Berge et Richar-Béranger, organisateurs de ce premier concours de Montgenèvre, en 1907.

Montgenèvre : premier «concours»

La première bonne surprise des organisateurs va être l'enthousiasme suscité par l'idée de ce concours international. Les nombreux donateurs répondent à l'appel du comité d'organisation pour doter l'ensemble des épreuves : skis de différents modèles (le modèle «officiel de propagande créé par le capitaine Rivas», successeur du capitaine Clerc, le modèle norvégien de la maison Och de Genève, le modèle en frêne du docteur Weber, le modèle démontable des établissements Mayerhofer à Munich), piolets, lanternes en aluminium, en fer-blanc, pliantes avec verres en mica, gobelets en argent, épingles de cravate, montres-réveils, gourdes

“Le ski est l'un des sports admis pour les femmes. Personne ne songe à le trouver trop violent comme il arrive souvent pour la plupart des exercices physiques. La seule controverse s'engage sur le point de savoir si elles doivent ou non sauter. Nous n'insisterons point sur cette partie acrobatique d'un des plus beaux sports qui soient. Mais constatons avec joie que les faibles femmes, ou prétendues telles suivant un préjugé antique, ont le droit reconnu par tous d'excursionner dans les stations hivernales et dans les montagnes avec des skis aux pieds.”

Marie Marvingt, dans Louis Magnus, *op. cit.*

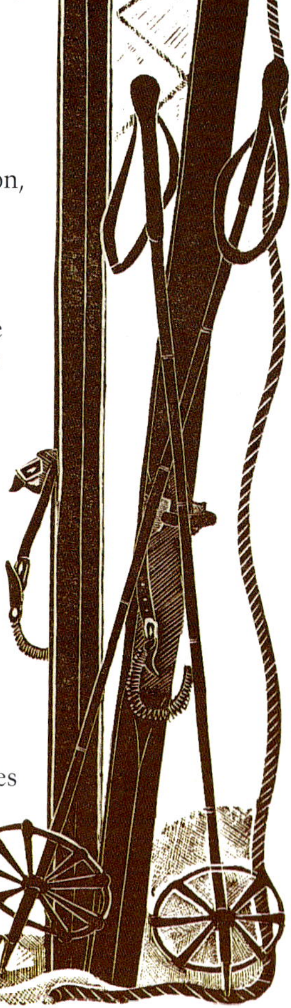

en aluminium, stylos, livres, etc.

Le regroupement s'effectue le 9 février 1907 à Grenoble, au cours d'une soirée particulièrement chargée en expositions, conférences et festivités diverses : après le banquet présidé par les responsables civils et militaires de la manifestation, les invités ont droit à une représentation de circonstance : *L'Alpe héroïque,* pièce d'ombres proposée par la section lyonnaise du C.A.F. et qui «donne une impression d'art intense»... Le lendemain, la centaine d'invités embarque dans le train de Briançon. C'est le lundi que commencent les compétitions : acheminés grâce à plusieurs centaines de traîneaux divers – «limousines préhistoriques sur patins, charronnerie de circonstance, élégants traîneaux, etc.» – trois mille spectateurs se pressent le long des champs de course, les uns pourvus de raquettes, les autres – peu nombreux – à skis, la majorité enfonçant jusqu'aux genoux dans la neige molle.

Militaires français et italiens s'affrontent

Les résultats de cette première confrontation transalpine, qui se déroule dans la bonne humeur, sont apparemment encourageants pour les concurrents français : à peine plus d'une minute les sépare des meilleurs Italiens. Les spectateurs sont émus : «Les officiers fraternisent. Et vraiment c'est comme un souffle d'humaine tendresse qui passe sur cette multitude bigarrée»; et les évolutions des concurrents les transportent d'enthousiasme : «les skieurs

glissent, bondissent, tourbillonnent. Les hommes fendent l'espace avec une légèreté de fils de l'air : on dirait des mouettes qui s'ébattent, tant le geste a de grâce, tant l'allure est ondoyante et souple. Du haut des tremplins, les sauteurs s'enlèvent dans une voltige fantastique. On choit, on se redresse, on repart. La neige vole en fumée, éclaboussant ses héros, confondant dans une même auréole d'apothéose vainqueurs et vaincus... Le soleil au zénith noie tout dans un rayon de gloire.» (*La Montagne,* revue du Club alpin français, 1907).

En réalité, si cette épreuve de vérité pour les Français se révèle plutôt satisfaisante, c'est moins en raison de leurs talents que de la médiocrité de leurs adversaires : les Italiens ne sont en effet guère plus experts que leurs homologues dauphinois. Il n'est pour s'en convaincre que de regarder les photos de l'époque sur lesquelles ils apparaissent épuisés et couverts de neige des pieds à la tête! Et cette observation extraite du compte rendu officiel en dit long sur le niveau technique des concurrents :

A partir de 1910, les skis font partie de l'équipement de l'alpiniste, au même titre que les crampons, les lunettes, la corde et la lanterne; on les trouve dans les magasins spécialisés de Genève (Och frères), Londres, Chamonix , Grenoble ou Paris.

Montgenèvre 1907 (ci-dessous) : première course, et premières déceptions pour les militaires français, pionniers du ski alpin, encore peu familiarisés avec l'emploi des bâtons.

Chamonix 1908 : en dépit de quelques approximations, cette gravure du *Petit Journal* montre assez fidèlement l'embarras dans lequel se trouvaient les premiers skieurs pour tirer parti de leurs engins, et tout particulièrement de ce bâton unique et encombrant. Sur les pentes du Brévent, les compétiteurs en course et ceux qui, sous l'œil du starter, s'apprêtent à s'élancer sur la ligne de départ ne semblent guère à leur aise!

«Certains coureurs ont employé deux bâtons, il ne semble pas que cela leur ait donné une supériorité marquée sur leurs concurrents probablement par suite de la nature du parcours presque entièrement en montées ou en descentes.» Les Français, en 1907, s'interrogeaient encore sur le nombre de bâtons à utiliser!... Heureusement pour eux, les deux Norvégiens – Durban Hansen et Harald Smith – invités pour la circonstance étaient hors concours, mais leurs démonstrations n'ont pas manqué de susciter l'admiration et de jeter le trouble dans l'esprit des «spécialistes».

❝ La semaine des courses a été très brillante. Le concours de vitesse du sky [sic] comportait une course militaire [...]. Les jours suivants, les courses ont alterné avec les concours de saut! Sauts de trente mètres parfois! Chutes héroïques où l'on glisse sur une pente effrayante, quelquefois pendant cinquante mètres. C'est le propre de ces sports d'hiver, que la machine humaine y apparaît avec une puissance qu'elle n'a point ailleurs.❞

La Vie heureuse,
15 février 1908

Chamonix : la consécration

Pour accueillir les délégations étrangères, le C.A.F. avait érigé un arc de triomphe… en neige!

Un succès en appelant un autre, le Club alpin annonce un nouveau concours pour l'année suivante, à Chamonix. Un concours encore plus important avec la participation des armées suisse et norvégienne. Un concours avec davantage d'épreuves, davantage de spectateurs, davantage de journalistes.

Pour accueillir une telle manifestation, il faut un site à la hauteur des ambitions du C.A.F., et naturellement il s'impose de lui-même : c'est Chamonix, haut lieu de l'alpinisme. Le 2 janvier 1908, débutait le «deuxième concours international de ski». Trois jours plus tard, s'achevait le «désastre des épreuves de Chamonix», c'est-à-dire la déroute totale des équipes françaises (militaires pour la plupart) engagées dans la compétition. Si l'année précédente, les adversaires italiens, guère plus avancés que les Français dans l'art du ski, avaient pu faire illusion, les Norvégiens en compétition à Chamonix avaient cruellement rappelé les Français à la réalité : courage et enthousiasme ne suffisent pas, la technique est indispensable, et ne s'improvise pas. Avec plus d'une heure de retard sur les Norvégiens, les Français, trempés, meurtris dans leur chair et dans leur amour-propre, mesurent le chemin qu'il leur reste à parcourir pour atteindre un niveau de ski international.

Le charme discret de l'élégance et... la fantaisie de l'artiste (Gamy) pour cette skieuse affublée d'un curieux bâton à rondelle pyramidale, qui jette le trouble sur les pistes.

En réalité, le désastre n'était qu'apparent, car la compétition de Chamonix fut un succès populaire fantastique : les spectateurs venus en nombre découvrirent un sport nouveau et s'enthousiasmèrent. «Les sports d'hiver ne sont pas en effet de ceux qu'ont peut se contenter de contempler : il faut les pratiquer. Aucun sport d'été n'en égale la saine et parfaite volupté. Cela ne s'analyse pas : c'est une plénitude de joie, de mouvement, d'exaltation et de santé; c'est la mort de la neurasthénie et des idées noires, c'est la ruine des médecins; c'est le krach des drogues; enfin, c'est la force, c'est l'épanouissement, c'est le bonheur...» (Gérard de Beauregard *L'Illustration,* février 1908).

C'est à partir de ces premières compétitions que le développement du ski va connaître un essor exponentiel, et que les sports d'hiver vont être littéralement absorbés par cette seule discipline.

«Aller aux sports d'hiver» c'est désormais «aller au ski»

Le Club alpin, initiateur de cette manifestation, n'en tirera qu'un profit d'estime, car les nombreux

Concurrent norvégien du concours de Chamonix dans une tenue impeccable et immaculée. Ci-dessous, l'évolution du sport «alpestre» imaginée par un futurologue de 1910.

spectateurs, directs ou indirects, de ces deux premiers concours, ceux qui, sans équipement, sans préparation, sans le moindre rudiment de culture alpine se sont précipités sur les pentes du Mont-Genèvre ou du Brévent ou ceux qui, sur la foi des comptes rendus enthousiastes de la presse, achèteront une paire de skis – tous ces futurs skieurs ne prendront pas la carte du Club. Pis, ils vont «envahir» les Alpes, les transformer, les défigurer, suscitant parfois chez les amoureux de la montagne perplexité, incompréhension, indignation. Mais, après tout, ce sont les gardiens du temple eux-mêmes qui ont suscité l'intérêt des profanateurs, de ces étrangers à la montagne, qui n'avaient rien à y faire et qui, découvrant que le ski était un jeu amusant, ont commencé à déferler dans les sanctuaires des alpinistes.

Et les populations montagnardes, prenant conscience des perspectives nouvelles que leur offrait cette mode inattendue, vont enfin aimer le ski. Certes, comme l'avaient écrit le capitaine Clerc, le docteur Payot et tous les propagandistes du «patin norvégien», ils disposaient là d'un moyen idéal pour se déplacer; mais – bien plus important – ils avaient également l'espoir d'attirer la foule des touristes citadins et étrangers dans leurs villages isolés. L'hiver ne serait plus une saison morte.

En faisant la promotion du ski utile, les apôtres du ski s'étaient trompés : c'était le ski plaisir, le ski de glisse, le ski de vitesse, le ski de fantaisie qui allaient, en quelques années seulement, transformer la montagne hivernale.

« Les dames doivent adopter la culotte de drap avec ou sans jupe, supprimer les jupes de dessous et les remplacer par une «combinaison» ou tout autre vêtement de ce genre suivant leur goût. La grosse question est de savoir si elles doivent avoir les jambes libres ou porter la jupe courte. La jupe courte a deux gros inconvénients : la neige pénètre dans tous les replis, et dans une chute elle est embarrassante et peut être gênante. »

Louis Arnaud, vice-président du Ski-Club dauphinois

C'est au baron Pierre de Coubertin que revient le mérite d'avoir redonné à ses contemporains le goût des olympiades, chères aux Grecs de l'Antiquité. Mais il ne s'intéressait qu'aux «sports du stade» – et surtout à l'athlétisme – avec une exception pour le patinage dont les championnats du monde furent organisés dès 1889, sept ans avant les premiers Jeux Olympiques d'été, et eurent droit dès l'origine, sous la pression des Scandinaves, spécialistes de la discipline, au label olympique.

CHAPITRE III

LES JEUX OLYMPIQUES D'HIVER

Pour la première épreuve de saut dans l'histoire des J.O. d'hiver (page de gauche), les Norvégiens, spécialistes de la discipline, se sont adjugés les trois premières places, le meilleur Français, Kléber Balmat, se classant quinzième.

Comme on pouvait le prévoir, compte tenu de la domination des Scandinaves, c'est un Suédois, Ulrich Salchow, qui fut couronné à Londres en 1908 premier champion olympique de patinage artistique. Mais contre toute attente, le patinage disparaîtra des Jeux suivants, pourtant organisés à Stockholm (en 1912). En réalité, cette surprenante décision était davantage inspirée par le souci de protéger les très populaires «Jeux Nordiques» organisés depuis 1883 par les pays du même nom.

Jeux Olympiques ou Jeux Nordiques : la guerre de Sécession

Croyant bien faire, les membres du C.I.O. (Comité international olympique) proposèrent alors d'intégrer purement et simplement ces «Jeux du Nord» au programme des Jeux. C'était pour la Norvège et la Suède la perspective d'une belle moisson de médailles, dans des disciplines – patinage, ski nordique – où leur longue antériorité leur garantissait une suprématie durable. Las!... Les Nordiques balayèrent d'abord cette offre avec indignation, et les discussions interrompues par la guerre ne débouchèrent qu'en 1920 à Anvers avec, enfin, l'adoption du patinage (et du hockey sur glace)... et, cette fois, deux médailles d'or providentielles pour la Suède (en patinage artistique individuel) et la Finlande (en patinage par couple). «Allons!», s'écrièrent en chœur les délégués français et italiens, à l'adresse de leurs homologues du grand Nord, «vous avez tout à gagner en ouvrant les Jeux Olympiques à l'ensemble des sports d'hiver!». «Pas question», répliquèrent, plus obstinés que jamais, les Nordiques, rangés

Bien que participant depuis longtemps à des compétitions de ski (ci-dessus, en Styrie, dans les Alpes autrichiennes, en 1894), les femmes ne seront admises aux Jeux Olympiques qu'en 1936. Ci-dessous, l'équipe belge de hockey, aux Jeux de Chamonix en 1924, dont l'épreuve sera remportée par le Canada devant les Etats-Unis et la Grande-Bretagne.

Affiche du P.L.M. pour les premiers Jeux d'hiver : l'épreuve de bobsleigh qu'elle illustre fut remportée par la Suisse.

Ulrich Salchow (ci-dessus) fut le vainqueur du patinage artistique aux Jeux Olympiques d'été de Londres en 1908, à une époque où cette épreuve était la seule «discipline du froid» à figurer au programme olympique, et où même les champions gardaient leur cravate pour évoluer sur la glace!

sous la bannière du Suédois Balck. «Dommage», murmurèrent le comte de Clary et le marquis de Polignac, représentants français au C.I.O., à la pensée que les prochains Jeux, ceux de 1924, avaient été confiés à la France. «Trop, c'est trop!», s'indigna l'ensemble des délégués irrités par une intransigeance aussi incompréhensible.

La «Semaine internationale des sports d'hiver»

C'est ainsi que, le 3 juin 1921, à Lausanne, fut retenue l'idée d'organiser à titre expérimental une «Semaine internationale des sports d'hiver» à Chamonix en 1924.

A tout hasard, le comte de Clary demanda aux concurrents de prononcer le serment olympique : «Je promets que nous nous présentons aux Jeux Olympiques en concurrents loyaux, respectueux du règlement qui les régit et désireux d'y participer dans un esprit chevaleresque pour la gloire du sport et l'honneur de nos équipes.» Sage précaution : lorsque, le 27 mai 1925, au cours d'une séance historique, le C.I.O. décida par quarante-cinq voix contre quinze d'instituer des «Jeux Olympiques d'hiver» soumis aux mêmes règles que ceux d'été, et organisés par le même pays d'accueil, il ne restait plus qu'à remplacer l'intitulé provisoire de «Semaine internationale des sports d'hiver à l'occasion des Jeux Olympiques» par «Premiers Jeux Olympiques d'hiver», et à considérer, rétroactivement, les lauréats de la «Semaine internationale» comme les premiers champions olympiques. Le combat était-il tout à fait et définitivement gagné? Certes non, car les disciplines admises aux Jeux Olympiques étaient exclusivement nordiques – à savoir le ski de fond (18 km, 50 km), le saut et le combiné (ski de fond-saut) – et Norvégiens, Suédois et Finlandais y excellaient (dix-neuf médailles norvégiennes, trois suédoises et une finlandaise, au total des Jeux de Chamonix, et de Saint-Moritz en 1928). Mais depuis le début du siècle, beaucoup de choses s'étaient passées dans les Alpes, où les sports d'hiver n'avaient plus grand-chose à voir avec les «Jeux du Nord» qui leur avaient donné naissance.

Ski nordique contre ski alpin : une révolution

Revenons quelques années en arrière, à l'époque du «Grand concours international de Chamonix», c'est-à-dire en 1908. Pendant que nos vaillants militaires s'efforcent de tirer

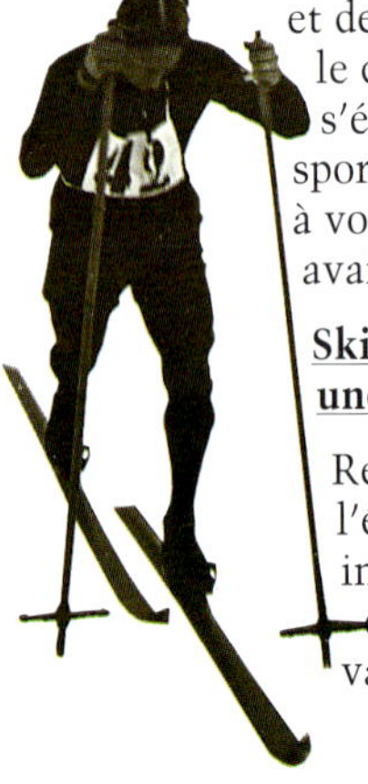

Le patineur norvégien Julius Skutnabb, prêt à s'élancer au départ du 500 mètres des Jeux de Chamonix, ne gagnera pas : à la surprise générale, c'est un Américain, Jewtraw Charles, qui remportera la médaille d'or. A gauche, concurrent de l'épreuve de ski nordique de Chamonix, qui sera dominée par les Scandinaves, avec l'extraordinaire triplé du Norvégien Thorleif Haug (18 km, 50 km et combiné). Quant aux Français, ils abandonneront avant la fin du parcours ou ne seront pas classés!

Les Jeux de Saint-Moritz, en 1928 (ci-dessous) : en quatre ans, l'évolution est déjà sensible, avec des bâtons moins longs, une tenue plus sportive, également plus seyante, et une position sur les skis plus dynamique. Mais les épreuves de ski nordique sont toujours dominées par les Norvégiens et les Suédois, qui se partagent toutes les médailles du 19,7 km, du 50 km et du combiné !

un parti honorable des «patins norvégiens» et s'interrogent sur l'utilité des bâtons, d'autres songent à transformer le ski de terrain plat en ski de pente, et les adeptes du «D.H.O.» (*down hill only,* c'est-à-dire de «descente pure») sont de plus en plus nombreux. En réalité, ce qui, au départ, pouvait apparaître comme une simple adaptation se révèle être une transformation profonde. Pousser un ski devant l'autre sur un terrain plat même en s'efforçant d'aller aussi vite que possible n'a pas grand-chose à voir avec les évolutions de la descente en terrain accidenté, autrement plus délicates. Il faut tout réinventer, depuis les skis eux-mêmes qu'il faut raccourcir, alléger, garnir de renforts métalliques (les carres), munir d'une rainure centrale, jusqu'aux fixations qui doivent rendre le pied totalement solidaire du ski (alors que pour la marche le talon est

nécessairement libre), en passant par la technique. Finis les virages télémark élégants mais trop lents à exécuter : désormais, ce sont les deux skis, parallèles, qui tourneront en même temps (virage Christiania).

Quant aux compétitions, elles procèdent d'une philosophie radicalement différente : si les disciplines nordiques ressemblaient à l'athlétisme, à base d'endurance, les disciplines alpines s'inspirent plutôt du concours hippique, privilégiant l'adresse. Ainsi, au lieu de tracer des pistes «naturelles» suivant le chemin le plus simple pour se rendre d'un point à un autre, on va contraindre le concurrent à emprunter l'itinéraire le moins logique qui soit, donc le plus difficile à négocier.

Cette représentation fidèle du virage télémark (ci-dessous) montre à quel point ce mouvement élégant et technique requiert un bon sens de l'équilibre. A noter que les bâtons ne servent à rien et que le talon doit être impérativement libre.

En l'occurrence les deux impératifs essentiels étant soit de tourner, soit de rester maître de sa vitesse, les différentes épreuves alpines auront pour caractéristiques soit d'obliger le skieur à effectuer de nombreux et difficiles virages (le slalom), soit de lui faire descendre des pentes aussi raides que possible (la descente). Les inventeurs du ski alpin de compétition sont, pour l'essentiel, l'Autrichien Zdarsky et l'Anglais Lunn. C'est au premier que revient le mérite, sinon d'avoir résolu l'ensemble des problèmes techniques, du moins de les avoir posés.

Page de droite, virage du type Christiania : les skis sont parallèles, un bâton a été planté dans la neige, le corps est fortement penché vers l'intérieur du virage pour compenser la force centrifuge, les deux skis sont en appui sur les carres amont.

Les inventions de Mathias Zdarsky

Originaire de Lilienfeld, Mathias Zdarsky fut l'apôtre inconditionnel des skis courts (ceux des Norvégiens dépassaient couramment deux mètres cinquante!), de la rainure centrale (pour améliorer la stabilité longitudinale), l'inventeur des attaches métalliques et de bien d'autres innovations techniques (plus de cent quatre-vingts brevets!). La postérité retiendra nombre de ses inventions, avec cependant une exception pour le bâton simple que Zdarsky préférait aux bâtons doubles : «En traînant le bâton derrière soi, on acquiert rapidement une position remarquablement solide». Sûr de lui, celui qu'on appelait «l'ermite de Lilienfeld» alla même jusqu'à défier les meilleurs champions norvégiens en leur proposant une course depuis... le sommet du mont Blanc! Autre invention de Zdarsky : le Torlauf, ou «course avec porte», dont le

En descente, les skis doivent être parallèles, mais pas nécessairement jointifs, car à grande vitesse, l'équilibre est plus stable avec une meilleure assise, c'est-à-dire avec les skis écartés.

principe est de contraindre le skieur à emprunter non pas l'itinéraire le plus naturel, celui que spontanément il aurait choisi, mais un tracé défiant la logique pour l'obliger à passer entre des piquets (les portes) et donc à démontrer son aisance en virage. C'est précisément le principe du slalom, épreuve reine des compétitions de ski alpin. Victime d'un grave accident (quatre-vingts fractures consécutives à une avalanche!), Zdarsky n'eut pas le loisir de ferrailler avec les instances dirigeantes du sport olympique pour faire admettre le ski alpin au programme des Jeux Olympiques d'hiver.

Mathias Zdarsky (1874-1940, ci-dessus), voyageur, chercheur, peintre à ses heures et curieux de tout ce qui concernait le ski, est considéré comme l'inventeur du ski alpin. A partir des observations faites sur les premiers skis norvégiens de 1890, il décida d'en ramener la longueur à moins de 2 mètres et remplaça les fixations de jonc par des systèmes en cuir et en métal. En 1896, il publia son fameux ouvrage *Technique alpine*, qui sera réédité vingt-cinq fois.

Arnold Lunn et l'avènement du slalom

C'est l'Anglais Arnold Lunn qui prit la tête de cette ultime croisade et qui la mena avec méthode et obstination : dès 1903, il remporte la coupe du *Public School Alpine Sports Club* offerte au vainqueur d'un classement combiné de ski, de patinage et de luge; cinq ans plus tard, il fonde l'*Alpine Ski Club* et, le 7 janvier 1911, il organise la première édition du «Kandahar» (du nom du vice-président du *Public School Alpine Sports Club*). En 1922, il suscite l'indignation et la colère des Nordiques en créant un nouveau type de compétition dérivé du Torlauf autrichien auquel – délicatesse ou provocation? –, il donne un nom norvégien, «slalom», et, l'année même des premiers Jeux Olympiques d'hiver – ceux de 1924 à Chamonix, exclusivement nordiques –, il fait disputer le premier combiné alpin de l'histoire du ski : descente et slalom. La réponse de la Fédération internationale de ski (F.I.S.), composée d'une forte majorité de Scandinaves, ne se fit pas attendre : elle décida que, chaque année, il y aurait désormais un championnat du monde exclusivement réservé aux fondeurs et aux sauteurs.

Arnold Lunn avait donc à se battre sur deux fronts : celui de la F.I.S. pour les championnats du monde, et celui du C.I.O. pour les Jeux Olympiques.

La plus ancienne des épreuves combinées (descente et slalom) doit son nom à un officier britannique, Robert de Kandahar, l'ami d'Arnold Lunn, inventeur de l'épreuve en 1928. L'Arlberg-Kandahar se déroule sur cinq sites, situés dans cinq pays de l'arc alpin : Sankt Anton (Autriche), Mürren (Suisse), Sestrières (Italie), Chamonix et Garmisch-Partenkirchen.

La tenue du skieur de descente (à gauche) est encore celle de la randonnée à ski, la position n'est pas encore d'un aérodynamisme exemplaire, les piquets de slalom sont largement espacés, la pente n'est pas d'une raideur effrayante : nous sommes en 1930.

En comparant des documents de plusieurs époques, on peut noter l'évolution de la position du skieur : à l'origine, il est bien droit sur ses skis, bras écartés tel un crucifié; progressivement, le corps s'aligne avec la trajectoire, les bras se mettent dans l'axe, d'abord en avant, puis le long du corps et les spatules se redressent jusqu'à toucher le front. La recherche d'une meilleure pénétration dans l'air amène le sauteur à s'allonger littéralement sur ses skis dans une position qui ne manque ni d'élégance ni d'efficacité. La comparaison entre les vaillants sauteurs d'autrefois et ceux d'aujourd'hui est particulièrement intéressante et émouvante.

Les dames aussi...

Heureusement, le succès fantastique du ski alpin et le bon sens retrouvé des représentants scandinaves finirent par donner raison à cet Anglais paradoxal qui s'était battu pour des épreuves dont il avait la certitude que jamais son pays ne s'en verrait confier l'organisation!

La F.I.S. céda la première, en 1930, et dès l'année suivante, à Mürren (Suisse), elle couronnait la première championne du monde de ski alpin de l'histoire : Mademoiselle Mackinnon – ou plus exactement Miss Mackinnon, car... c'était une Anglaise – tout comme la deuxième, la quatrième et la cinquième de l'épreuve!

Le C.I.O. suivit en 1936, mais cette fois, Garmisch-Partenkirchen, où était organisée cette quatrième et historique édition des Jeux Olympiques d'hiver, vit le triomphe de deux Norvégiens au classement des premières épreuves de descente olympique de l'histoire : Birger Ruud chez les hommes et Laila Schou-Nilsen chez les dames... dames tout juste

«Ai-je vraiment besoin de vous donner mes impressions ? Ne les lisez-vous pas sur mon visage ? J'ai connu aujourd'hui la plus grande joie de ma vie ! » Voilà ce que déclara l'Allemande Christel Cranz aux journalistes après son triomphe en slalom (ci-dessous) et en combiné aux Jeux de Garmisch-Partenkirchen, les premiers ouverts aux femmes dans cette discipline.

admises à chausser des skis aux Jeux Olympiques.
Avant 1936, seuls les hommes étaient en effet autorisés à s'aligner au départ des épreuves (exclusivement nordiques), les dames n'étant admises que sur la patinoire (patinage artistique). A noter la performance de la patineuse britannique Madge Syers, qui, lors des championnats du monde de 1902, alors que les femmes n'étaient pas même admises à concourir entre elles, s'engagea avec les hommes et se classa deuxième! De fait, les épreuves féminines ne furent pas moins populaires que celles réservées au sexe traditionnellement considéré comme le plus fort, certaines concurrentes laissèrent même une empreinte légendaire dans l'histoire des J.O. : ainsi la Norvégienne Sonja Henie, classée septième en patinage artistique à Chamonix (1924) à l'âge de onze ans, et qui, non contente de s'adjuger la médaille d'or quatre ans plus tard à Saint-Moritz, récidiva une première fois en 1932 à Lake Placid (U.S.A.) et une deuxième en 1936 à Garmisch (sans l'interruption due à la guerre, qui sait si elle n'aurait enrichi son palmarès d'une quatrième médaille d'or consécutive!).
Si les dames furent admises dès l'origine à danser sur la glace, elles durent attendre 1952 (Oslo) pour s'aligner dans une discipline nordique

Surnommée la «Fée des Glaces», la Norvégienne Sonia Henie (à gauche et ci-dessus) est une figure légendaire du patinage artistique, grâce à un palmarès olympique inégalé : successivement médaillée d'or aux Jeux de 1928, de 1932 et de 1936, elle enchantait les spectateurs par de nouvelles acrobaties, toujours plus audacieuses. Lors de sa première participation aux Jeux Olympiques, à Chamonix (à gauche), elle n'avait que onze ans! Après les Jeux de 1936, elle devint professionnelle et connut une vie de gloire et d'extravagance.

(les 10 kilomètres dont les trois premières places revinrent à des Finlandaises), et 1960 (Squaw Valley, en Californie) pour le patinage de vitesse (dominé par les Soviétiques).

Premières médailles françaises

Les championnats du monde de patinage conserveront une périodicité annuelle jusqu'en 1900, date à laquelle ils adopteront l'intervalle olympique de quatre années, en alternance avec les Jeux Olympiques (décalage de deux ans). A noter le remarquable triplé du Français Emile Allais (originaire de Megève) qui, non content de remporter la descente avec treize secondes

Ci-dessus, l'Allemande Maxie Herber, médaille d'or du patinage artistique avec son compatriote Ernst Baier, en 1936 à Garmisch-Partenkirchen. Emile Allais (à gauche et page de droite), médaille de bronze du slalom et du combiné cette même année. Premier médaillé olympique français en ski alpin, il sera suivi en 1948 par Henri Oreiller, médaille d'or en descente et combiné, et par James Couttet, médaille d'argent du slalom.

d'avance (!) sur le second (M. Lafforgue, Française lui aussi), s'adjugea également le slalom et donc le combiné des championnats du monde de Chamonix (1937). Des écarts aussi importants n'ont plus cours aujourd'hui où les chronométreurs départagent les concurrents au centième de seconde. Ils s'expliquent non seulement par le talent des champions d'autrefois et leur entraînement parfois «artisanal», mais également par leur audace et leur instinct, les pistes n'étant pas aussi préparées, ni aussi protégées qu'aujourd'hui. Les premières épreuves de descente à skis s'apparentaient aux grandes courses croisières d'aujourd'hui où la navigation joue un rôle important: certaines options plus directes (avec, le cas échéant des ressauts à franchir par la voie des airs) se révélant plus payantes...

Fondée en 1924, la Fédération internationale de ski regroupait au départ quatorze pays. Elle est aujourd'hui composée de l'ensemble des fédérations nationales qui ont accepté ses statuts. Elle a pour vocation, entre autres, d'organiser les championnats du monde, d'établir les règlements internationaux, de maintenir des relations amicales avec les différentes fédérations.

Emile Allais, (au milieu) né en 1912 à Megève, réalise le grand chelem aux championnats du monde de Chamonix, en 1937 : descente, slalom et combiné. Il est le fondateur de l'une des premières écoles de ski françaises.

Péripéties techniques

Les problèmes techniques de préparation tant des pistes de ski que des patinoires, n'ont pas manqué d'apporter aux différentes éditions des Jeux un supplément d'incertitude et parfois d'anecdotes dont certaines font partie de l'histoire. Ainsi, le «stade de glace» de trente six mille mètres carrés construit à Chamonix pour les Jeux de 1924, et qui, un mois avant l'ouverture des compétitions, fut recouvert en une nuit par une couche de neige d'un mètre soixante-dix! Déblayé à la pelle par six cents ouvriers travaillant jour et nuit, la patinoire fut enfin prête

huit jours avant les Jeux quand, le temps s'étant brusquement radouci, la pluie s'est mise à tomber, transformant la patinoire en lac... Heureusement, le froid survint à temps pour calmer les angoisses des organisateurs, et en particulier celles du jeune secrétaire du Comité des sports d'hiver de Chamonix, un certain Frison-Roche...

Quatre ans plus tard, à Saint-Moritz, c'est le fœhn qui provoqua des dégâts pires encore que le redoux de Chamonix : patinoire en eau, pistes de ski en boue,

Médaillé d'or du 500 et du 1500 mètres en patinage de vitesse à Saint-Moritz (1928), le Finlandais Clas Thunberg était déjà triple médaillé à Chamonix avec les médailles d'or du 1500 et du 5000, et la médaille d'argent du 10000 mètres.

certaines épreuves durent être annulées (10000 mètres patinage), d'autres se déroulèrent dans des conditions particulièrement éprouvantes pour les concurrents : le Suédois Erick Hedlund, vainqueur de l'épreuve des 50 kilomètres à skis (dans la boue et sur des cailloux), mit près de cinq heures pour boucler le parcours, soit une heure et quart de plus que le Norvégien Thorleif Haug, médaille d'or à Chamonix sur la même distance.

A Lake Placid (en 1932), les conditions furent une fois encore détestables, la pluie n'ayant cessé qu'au cours de la nuit précédant les premières épreuves.

Le Norvégien Birger Ruud, médaille d'or du saut à skis, déclarera aux journalistes étonnés de le voir trempé des pieds à la tête et couvert de boue : «La prochaine fois, je prendrai une bouée, car je ne sais pas nager!» Le patinage de vitesse de ces premiers Jeux Olympiques américains fut l'objet de vives polémiques suite à la décision des organisateurs de faire partir les concurrents sur la même ligne plutôt que par vagues de deux, comme c'était l'usage : le Finlandais Clas Thunberg, meilleur mondial dans la discipline (médaille d'or à Saint-Moritz), refusa de

C'est dans la boue que s'est terminée l'épreuve des 50 km de ski nordique à Saint Moritz (1928), remportée par le Suédois Per Erick Hedlung (à gauche), avec treize minutes d'avance sur ses compatriotes Gustaf Jonsson et Volger Andreson. Un quart des concurrents, dont tous les Français, abandonneront l'épreuve.

Les épreuves de bobsleigh de 1932 à Lake Placid furent marquées par une vive polémique relative à la taille et à la forme des lames; les engins des Américains, sortis vainqueurs, seront par la suite interdits, car ils endommageaient la piste.

participer à la compétition, laissant le champ libre aux Américains. Depuis leur création, en 1924, les Jeux Olympiques d'hiver jouaient donc de malchance avec la nature dont les caprices contrariaient systématiquement le bon déroulement.

Les organisateurs en vinrent à se demander si une telle accumulation de difficultés était à mettre au compte d'une malédiction (peut-être inspirée par les délégués norvégiens du C.I.O.) ou tout simplement du hasard, et chacun de s'interroger sur le sort des prochains Jeux, ceux de 1936, prévus à Garmisch-Partenkirchen, c'est-à-dire dans l'Allemagne hitlérienne...

1936 : Garmisch-Partenkirchen

La nature cette fois se montra indulgente, et sans doute les Jeux d'hiver de 1936 furent-ils les premiers de l'histoire à connaître un succès de dimension

planétaire : record d'engagés (sept cent cinquante-huit), record de pays participants (vingt-huit), première apparition du ski alpin au programme des épreuves, et première participation des femmes dans les épreuves olympiques de ski, avec cependant un goût amer, exacerbé par le faste et la démesure de cérémonies officielles présidées par Adolf Hitler. Au palmarès de ces quatrièmes Jeux d'hiver, deux consécrations, norvégiennes comme il se doit : Birger Ruud, champion de saut qui remporta la médaille d'or de la descente grâce précisément à ses qualités de sauteur et... à son sens de la navigation; Laila Schou-Nilsen, vainqueur, chez les dames, de la même épreuve et déjà recordwoman du monde des 500, 1 000, 1 500, 3 000 et 5 000 mètres... en patinage (elle avait également représenté la Norvège dans des compétitions internationales de tennis!). Une révélation également avec la médaille de bronze du Français Emile Allais, futur champion du monde.

La reprise olympique après la guerre

Puis survint la guerre, et l'annulation des Jeux prévus à Sapporo en 1940. C'est seulement en 1948 que reprend, à Saint-Moritz, le fil – ininterrompu depuis – des rendez-vous hivernaux, avec une nouvelle consécration pour les Scandinaves dans les épreuves

En dépit de la vigoureuse campagne de boycott organisée par les Etats-Unis et la France, les Jeux de 1936 auront lieu à Garmisch-Partenkirchen sur le territoire de l'Allemagne du IIIe Reich. Page de gauche : le Norvégien Birger Ruud (médaillé d'or) lors de son record de saut.

« S'adressant directement à Hitler, le président Von Halt prononça la phrase suivante : «Je vous prie mon Fürher, patron de ces Jeux, de bien vouloir déclarer l'ouverture de ces quatrièmes jeux d'hiver», et le Führer, dans un silence impressionnant s'avança devant le micro et proclama l'avènement de l'année olympique nouvelle. »

Robert Perrier, in *L'Auto*

nordiques, l'émergence du patinage américain (U.S.A. et Canada) et la confirmation du ski alpin français (deux médailles d'or pour Henri Oreiller et une d'argent pour James Couttet).

La paix fut définitivement signée avec les «gens du Nord» qui se virent confier en 1952 l'organisation des Jeux (à Oslo) et qui, une dernière fois, domineront les épreuves de ski de fond, de saut et de patinage.

En 1956, à Cortina d'Ampezzo (Italie) – huit cent dix-neuf athlètes représentant trente-deux pays – les Soviétiques allaient en effet mettre un terme à l'hégémonie scandinave en s'adjugeant sept médailles en patinage et une en ski de fond (relais 4 x 10 km).

Pour marquer leur différence, les organisateurs des Jeux de 1952 à Oslo (ci-dessus) firent courir certaines épreuves avant même la cérémonie d'ouverture, présidée par la princesse Ragnhild en l'absence de son grand-père, le roi Haakon, retenu à Londres pour les funérailles de George VI.

Autre événement des Jeux de Cortina, le triplé historique du jeune Autrichien Toni Sailer en ski alpin : descente, slalom et slalom géant (cette dernière épreuve, intermédiaire entre la descente – plus directe – et le slalom – plus «tortueux» – ayant été introduite dans le programme des Jeux d'Oslo quatre ans auparavant).

Squaw Valley, une station construite de toutes pièces

La désignation de la ville d'accueil des Jeux fait l'objet d'une procédure longue et complexe, qui trouve sa conclusion dans le choix définitif des délégués (vote), des différentes nations au C.I.O. C'est ainsi qu'en juin 1955 le C.I.O., réuni en congrès, avait à départager Saint-Moritz, Garmisch-Partenkirchen, Innsbruck et Squaw Valley : des candidatures sérieuses, fondées sur des références, des installations, un site, dignes de la tradition déjà prestigieuse des J.O. Sérieuses à une exception près, celle de Squaw Valley, un lieu totalement inconnu, un site désertique perdu dans la lointaine Sierra Nevada, bref, une candidature fantaisiste qui allait donner lieu au gag le plus étonnant de l'histoire des J.O.

Par courtoisie, la tradition voulait en effet que toutes les candidatures, y compris les moins crédibles, recueillent quelques voix lors du vote de désignation, quelques voix de courtoisie. Et c'est ainsi que, par respect de la tradition, et surtout par manque de concertation, Squaw Valley fut désignée, à la surprise générale des votants, ville organisatrice des Jeux Olympiques de 1960 : Squaw Valley qui n'était alors qu'un lieu-dit.

Un an avant l'ouverture des Jeux, alors que le Comité olympique, inquiet, envisageait une nouvelle désignation, les travaux furent enfin engagés (avec le concours d'Emile Allais) – des

A Cortina d'Ampezzo, l'Autrichien Toni Sailer, premier auteur d'un grand chelem en ski alpin dans l'histoire des Jeux, entre dans la légende : «Entre le risque et la sûreté, il lui fallait choisir, et Sailer a gagné parce qu'il a su se tenir sur cette ligne où le risque et la sûreté se rejoignent pour s'abolir.»(Michel Clare, dans *L'Equipe*). C'est Walt Disney qui fut chargé de mettre en scène la cérémonie d'ouverture des deuxièmes J.O. américains, à Squaw Valley en 1960.

travaux gigantesques, à l'échelle de la «grande Amérique» – et le 18 février 1960, la cérémonie d'ouverture se déroulait impeccablement dans la première station olympique des temps modernes, exclusivement conçue pour cette seule compétition.

1964 : Innsbruck, une première autrichienne

Innsbruck retrouva la place qui lui avait été ravie inopinément quatre ans auparavant par Squaw Valley, avec un nouveau record de participation (près de mille deux cents concurrents) et une innovation qui allait bouleverser l'organisation même des Jeux et leur portée : la retransmission télévisée en direct des épreuves. Ainsi, grâce à trente-quatre stations de télévision, un million de téléspectateurs purent suivre le fantastique chassé-croisé entre Christine et Marielle – les sœurs Goitschel – auteurs d'un doublé familial unique dans les annales des Jeux : Christine, médaille

Innsbruck, 1964 : les sœurs Goitschel, médailles d'or et d'argent en slalom spécial et en géant ; ci-dessous, le saut du Norvégien Toralf Engan, médaille d'or.

d'or du slalom spécial, devant Marielle, médaille d'argent, et... Marielle, médaille d'or du slalom géant devant Christine, médaille d'argent! François Bonlieu, vainqueur du slalom géant, et Léo Lacroix, deuxième de la descente (derrière l'Autrichien Zimmerman), complétaient le palmarès le plus brillant que la France ait jamais connu en ski alpin olympique.

1968 : retour en France

Quatre ans plus tard, ce fut au tour de Grenoble et des stations environnantes du Dauphiné d'organiser les Jeux et d'enregistrer le deuxième grand chelem de l'histoire – celui de Jean-Claude Killy, triple médaille d'or en ski alpin (slalom, slalom géant, descente) au terme d'un suspense haletant (l'Autrichien Karl Schranz,

« Jean-Claude, c'est vraiment le meilleur de nous tous. Il est juste que la médaille d'or lui revienne. Moi, je suis rudement content d'avoir fini si près de lui. » C'est ce que déclara Guy Périllat en 1968, deuxième de la descente derrière Jean-Claude Killy. Deux jours plus tard, le même Killy remportait le slalom géant et, cinq jours plus tard, il complétait le grand chelem – le deuxième de l'histoire des Jeux – avec la médaille d'or du slalom spécial!

Page suivante : inscrit au programme des Jeux depuis 1960, le biathlon est une discipline nordique comportant un parcours de fond (en épreuve individuelle ou par équipe) et une épreuve de tir à la carabine. Celle-ci ne doit pas être chargée pendant la course de fond, et l'utilisation d'un dispositif optique est interdite.

F.F.S.
14
28
30
29

F.F.S.
12
F.F.S.
15
31
33

d'abord déclaré vainqueur du slalom, puis déclassé après examen du film de la course!). Dans les épreuves nordiques, c'est le jeune Italien Franco Nonès, vainqueur du 30 kilomètres, qui créa la surprise en s'imposant devant les meilleurs spécialistes norvégiens.

D'un continent à l'autre

Les Jeux de Sapporo (1972) furent marqués par une violente polémique autour de l'amateurisme cher au cœur des fondateurs du mouvement olympique et au président du C.I.O., Avery Brundage (quatre-vingt-quatre ans), qui prononça l'exclusion de l'Autrichien Karl Schranz coupable de déclarations jugées sacrilèges. La nature particulière de la neige, balayée en permanence par le vent du Pacifique, fut à l'origine d'autres surprises dont la première médaille d'or espagnole aux J.O. d'hiver (F.-F. Ochoa en slalom spécial).

A Innsbruck (1976), le déclin du ski alpin français, déjà perceptible à Sapporo, s'est confirmé, tandis que la Suisse (H. Hemmi), l'Autriche (F. Klammer) confortaient leurs positions et que l'Italie (P. Gros, G. Thoeni) apparaissait aux premières places. Candidate depuis 1952, Lake Placid, petite station située dans l'Etat de New York, se vit enfin consacrée

Les Jeux d'hiver de Sapporo (ci-dessus, en 1972), les premiers organisés au Japon, après ceux d'été accueillis huit ans auparavant par Tokyo, donneront lieu à un débat sur l'amateurisme. Le skieur autrichien Karl Schranz, grand favori, déclara : «Si M. Brundage avait été pauvre comme je l'ai été je me demande s'il n'aurait pas une autre attitude. Si nous suivions jusqu'au bout ses recommandations les Jeux seraient une compétition réservée aux très riches.»

La victoire historique des hockeyeurs américains sur leurs concurrents soviétiques à Lake Placid en 1980 : dans une période de vive tension internationale, cette confrontation impitoyable tint en haleine des millions de téléspectateurs.

«ville olympique» avec la complicité de Vancouver qui se désista, tout comme s'était désisté Denver quatre ans auparavant au profit d'Innsbruck. Organisés par les Américains, ces Jeux furent également dominés par les Américains, auteurs de deux exploits retentissants – l'un collectif avec la victoire historique (et la médaille d'or) de l'équipe nationale de hockey sur glace sur son homologue soviétique, et l'autre individuel avec les médailles d'Eric Heiden en 500 mètres, 1 000, 1 500, 5 000 et 10 000 mètres!

L'Allemande de l'Est Karin Enke ne fera pas mieux à Sarajevo (1984) avec «seulement» trois médailles d'or sur 500, 1 000 et 1 500 mètres. C'est également à Sarajevo, et toujours sur la glace, que se situera l'événement marquant de ces quatorzièmes J.O. d'hiver, avec l'inoubliable prestation des Anglais Jayne Torvill et Christopher Dean en patinage artistique par couple.

Nouvelles disciplines

Depuis l'origine des J.O. d'hiver, et même depuis les fameux débats entre Nordiques et Alpins sur la nature des épreuves inscrites aux programmes des Jeux, la pratique des sports d'hiver a sensiblement évolué et, logiquement, de nouvelles disciplines y ont été admises, ainsi que de nouveaux types d'épreuves. C'est ainsi, par exemple, que le «Super G» fut introduit pour la première fois aux Jeux de Calgary (1988), épreuve

«Je voulais faire connaître le patinage de vitesse aux Etats-Unis, et je pensais que plus je gagnerais de victoires, plus ce sport deviendrait populaire.» Ainsi l'Américain Eric Heiden, jeune étudiant en médecine, s'était-il donné comme objectif de remporter toutes les épreuves de patinage de vitesse aux Jeux Olympiques de Lake Placid (1980). Grâce à un entraînement intensif et une motivation hors du commun, cet athlète de 1,84 mètre pour 86 kilos, tint son pari insensé et rafla tous les titres : 500 m, 1000 m, 1500 m, 5000 m, 10000 m, avec, à chaque fois, un record olympique à la clé : un exploit unique dans l'histoire des Jeux.

Originaire des Etats-Unis, le ski acrobatique fut lancé par le Norvégien Stein Ericksen, champion du monde de slalom géant en 1954, et par l'Autrichien Arthur Furrer. Comme le patinage artistique, il comporte des figures, qui sont notées par un jury. Ce nouvel art de skier est né du désir de pratiquer un sport plus créatif que le ski alpin traditionnel. Il est composé de trois disciplines essentielles : le ballet, très proche du patinage artistique ; le *free* style ou bosses, proche des rodéos de cow-boys (à gauche) ; le saut, proche de la voltige (ci-dessus). Le ski acrobatique s'est développé dans les Alpes à partir de 1968.

intermédiaire entre le slalom géant et la descente. Cette innovation fut pour la France l'occasion de refaire surface au plus haut niveau de la hiérarchie mondiale avec Franck Picard qui s'adjugera la médaille d'or de la spécialité.

D'autres disciplines sont en attente, certaines ayant déjà acquis pour les prochains Jeux d'Albertville, le statut de «sport de démonstration». L'usage veut en effet qu'avant d'être adoptées comme disciplines olympiques et, partant, de figurer au programme officiel des Jeux, les disciplines nouvelles soient dans un premier temps admises comme sports de démonstration. Ainsi, les trois disciplines du ski artistique – saut, ballet et bosses – étaient en démonstration à Calgary (1988) tout comme le curling et le patinage de vitesse sur piste courte (*short track*). A Albertville, saut artistique et ballet demeureront disciplines de démonstration, tandis que le ski de bosses fera l'objet d'épreuves officielles avec attribution de médailles. Autre nouveauté : l'apparition (en démonstration) du «kilomètre lancé» (K.L.), c'est-à-dire d'une épreuve de vitesse pure sur une piste parfaitement rectiligne et spécialement aménagée pour permettre aux coureurs de rechercher sur une courte distance la plus grande vitesse (plus de 200 kilomètres à l'heure).

Les prochains Jeux – ceux de 1992 – seront donc organisés par la France. Après Chamonix (1924) et Grenoble (1968), la Savoie accède à une consécration mondiale, et Val-d'Isère (site olympique) ne sera plus un village sinistré par la neige... plus jamais.

Le kilomètre lancé est, à l'état pur, le ski de vitesse. Pratiqué sur des pistes très pentues et parfaitement damées, avec un équipement profilé, constitué de matériaux à haut coefficient de glisse, le K.L. donne lieu à des épreuves spectaculaires où les concurrents dépassent parfois les 200 km/h.

Pour apprécier l'évolution des sports d'hiver depuis leur origine, il suffit de comparer le matériel actuel avec les articles proposés au début du siècle à nos ancêtres skieurs : que de chemin parcouru depuis l'époque où les sports d'hiver n'intéressaient qu'une dizaine de stations à la mode, et où il n'était même pas possible de trouver sur place l'équipement propre à transformer un citadin en «sportsman des neiges» !

CHAPITRE IV
VIVE LA NEIGE!

Si le monoski (ci-contre) est depuis quelques années l'une des nouveautés les plus populaires du ski alpin, le ski de randonnée (à gauche, ski de printemps, en Maurienne, dans les années soixante) a toujours des adeptes.

Avant de partir pour Chamonix, il fallait au préalable rendre visite aux établissements Och Frères de Genève ou Revol Neveu de Grenoble, maisons spécialisées en «articles de tourisme et de sports d'hiver».

S'équiper autrefois

On y trouvait divers modèles de skis, depuis les articles meilleur marché en frêne des Alpes, «modèles de propagande» à dix francs, jusqu'aux modèles norvégiens en frêne extra-dur, à vingt-huit francs, ou en hickory, à trente francs. Les fixations à longue lanière, à courroie, à semelle de Balata, à levier, coûtaient entre dix et vingt francs, avec un supplément de cinquante centimes pour des plaques – en métal ou en caoutchouc – ayant «l'avantage de ne pas s'effriter sous l'action des clous de la chaussure». Chaussures Laupars ou Begsoms en cuir gras noir, avec

En 1930, les remontées mécaniques étaient rares, et les engins de damage inexistants. Aussi, les brèves descentes étaient-elles précédées de longues montées à pied... dans la neige fraîche.

double semelle débordante, et protégées par un couvre-pied en peau de phoque. Les bâtons en bambou du Tonkin ou en jonc de Chine avec disques en rotin ou en aluminium coûtaient de trois francs (bâton simple) à cinq francs (bâtons doubles, «très commodes pour s'aider avec les deux mains dans les montées»).

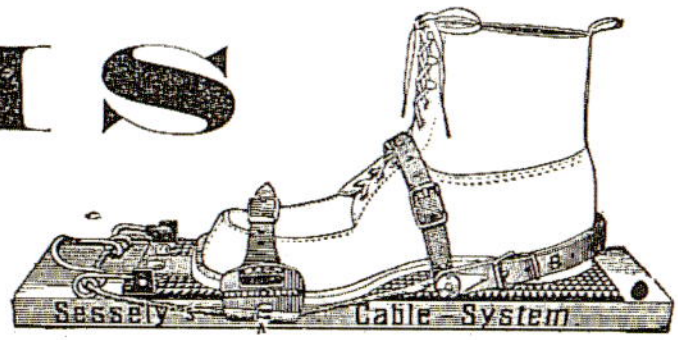

Les amateurs de raquettes pouvaient s'équiper en modèles de l'armée française à deux francs (cercle en châtaignier, cordes en coton), ou de gardes forestiers suisses, à cinq francs. Les lugeurs devaient débourser de dix à quarante francs pour une luge en frêne extra, avec barres courbées à la vapeur, finement polies, huilées, vernies. Pour aller plus vite, il fallait faire l'acquisition d'un skeleton en acier forgé à la main avec freins et siège à coulisse (soixante-quinze francs) ou d'un toboggan du Canada en frêne courbé à traverses et montants en bois dur. Enfin, pour goûter aux sensations enivrantes des descentes

Jusqu'à l'avènement du D.H.O. (*down hill only*), c'est-à-dire du ski de piste, le ski était exclusivement de randonnée, et par conséquent à base de marche. Aussi, les fixations devaient-elles impérativement laisser le talon libre. Les raquettes canadiennes étaient conçues sur le même principe : permettre de marcher en glissant, et sans soulever le pied. Le document ci-contre montre le talon soulevé; on distingue également une ouverture laissant le passage à la pointe des pieds, ce qui a le double avantage d'accroître l'amplitude du mouvement de la cheville et d'éviter, dans les montées, une glissade vers l'arrière, la pointe du pied s'enfonçant partiellement dans la neige.

vertigineuses, il fallait investir de cent à cinq cents francs dans un bobsleigh – à corde ou à volant, à trois, quatre ou cinq places, à siège en toile imperméable, avec frein à main «manœuvré par le capitaine». Pour le patinage artistique de vitesse ou tout simplement mondain, une grande variété de patins de sport étaient proposés à des prix variant de dix à trente francs, patins anglais ou suédois à vis ou à griffes (pour la fixation sous la chaussure).

L'habillement, enfin, était à base de laine et de flanelle : de laine pour les fameux *sweaters* à col roulé, les jaquettes, les bonnets norvégiens, les moufles et passe-montagne; de flanelle pour les Bachilick ou capuchons (pour les oreilles des dames), les bandes molletières (pour les mollets des messieurs).

Le matériel moderne

Aujourd'hui, tout a changé, ou presque : les vitrines des nombreux magasins de Val-d'Isère en témoignent. Par leur existence d'abord, par leur contenu ensuite. Les skis ne sont plus en bois – ils sont moins longs, moins galbés, plus fins, plus colorés surtout. Dès 1928, à l'initiative de l'aviatrice Marie Marvingt, apparaissent les premiers skis métalliques. Huit ans plus tard, la manufacture de ski et de canoë de Saint-Chamand proposait des skis «métallo-bois»; la fibre de verre ne fera son apparition qu'en 1968. Les modèles

À l'origine, les skieurs se sont inspiré des alpinistes pour leur habillement, avec par exemple les fameuses bandes molletières (ci-dessus). Les dames n'ont adopté le pantalon qu'à partir de 1920 : un pantalon aux formes assez flottantes.

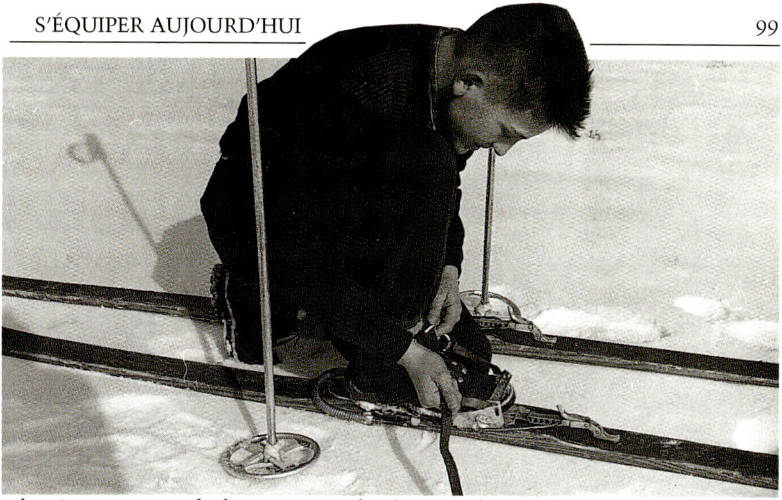

classiques munis de fixations rigides (c'est-à-dire maintenant la cheville totalement solidaire du ski, avec un dispositif de sécurité libérant le pied en cas de chute ou d'effort trop violent) sont destinés à la piste, c'est-à-dire à la descente des pentes damées ou en neige poudreuse.

C'est à partir de 1944 que l'entreprise Look commercialise les premières fixations de sécurité (avec engagement de verser cinq cents francs de dommages et intérêts à ceux qui seraient victimes de fractures!). Courts, les skis de ballet ou de bosses permettent des évolutions beaucoup plus serrées, ainsi que des glissades latérales. Plus effilés, plus légers, munis d'une fixation à talon libre (permettant l'articulation du pied pour la marche), les skis de fond sont destinés aux circuits tracés sur terrain plan ou peu accidenté. Pour la randonnée, on trouve des skis de type alpin, permettant d'effectuer normalement les descentes, mais munis de fixations mixtes, c'est-à-dire transformables (articulées pour les montées, rigides pour les descentes). Des peaux de phoques (en matériaux synthétiques) disposées sous la semelle empêchent le ski de glisser en arrière au

Les fixations des années cinquante (ci-dessus) : la butée avant métallique et le câble de serrage sont réglables mais il n'y a encore aucune sécurité. Ci-dessous, le ski de fond des temps modernes : matériel ultra-léger, combinaisons moulantes.

cours de la montée. Les amateurs de grands espaces, d'effort prolongé, de haute montagne, sont de plus en plus nombreux à pratiquer le ski de randonnée, pour lequel on commence même à organiser des compétitions.

Nouvelles techniques, nouvelles pratiques

Les nostalgiques, sensibles au charme désuet du temps jadis, ont réinventé le télémark, ce virage à la fois complexe et d'une grande élégance qui s'apparente à un pas de danse avec une sorte de génuflexion destinée à faire tourner un ski autour de l'autre. Plus large qu'un ski de fond et plus léger qu'un ski de piste, il est muni d'une fixation articulée. L'évolution du ski depuis ses origines alpines s'est donc orientée dans plusieurs directions : perfectionnement du ski alpin, renaissance du ski nordique et diversification des pratiques. L'imagination des passionnés de glisse est sans limite comme en témoignent le monoski, le surf et le «fun», pour ne citer que les innovations les plus importantes. Ces nouveautés doivent

La comparaison entre le virage télémark des origines (ci-dessus) et sa réinvention moderne (ci-dessous) montre que le mouvement original exécuté sans bâton faisait davantage appel à l'équilibre... et qu'il ne manquait pas d'élégance.

beaucoup aux Etats-Unis, mais c'est en France qu'elles ont véritablement prospéré à partir des années quatre-vingt. Ainsi, le *single ski* n'était-il qu'une curiosité, mise au point en Alaska par un certain Mike Doyle, avant de devenir le très populaire «monoski» sous l'impulsion des Français Lecadre, Revel, Poncet, Besses et autres protagonistes de «l'état de glisse». A dire vrai, certaines expériences avaient déjà été tentées dans les Alpes par quelques maniaques soucieux de garder leurs skis rigoureusement parallèles et qui avaient imaginé de les fixer l'un à l'autre. Avec une planche unique et d'une largeur approximativement double de celle d'un ski normal, le monoski offre en effet la particularité de rendre les deux pieds constamment solidaires.

Particulièrement bien adapté à la descente en neige poudreuse, il requiert un équilibre différent de celui du ski : plus dynamique, plus proche de celui de la bicyclette. Sur les pistes, on reconnaît aisément les monoskieurs : les débutants accroupis (ou couchés sur le côté...), les experts parfaitement en harmonie avec la trajectoire, jambes souples et détendues, enchaînant des virages serrés dans la neige profonde.

« On nous rebat les oreilles avec l'esprit californien qui serait à l'origine d'un vent neuf qui soufflerait sur les montagnes françaises. Si vous avez l'occasion de faire un tour dans les Rocheuses, haut lieu paraît-il du ski le plus fou qui soit, vous resterez sur votre faim. En fait, s'il est vrai que les disciplines qui connaissent, à l'heure actuelle, l'essor le plus spectaculaire, on veut bien sûr parler du ski artistique, du mono ou du surf, si ces disciplines «new wave» ont vu leur éclosion aux U.S.A., elles connaissent leur plein épanouissement en France. »

Gilles Chappaz, in *L'Année du ski*, 1987

CHEMINS DE FER
FRANÇAIS
Paul Ordner
COMBLOUX

Du fil-neige au téléski

Avec le développement du ski alpin, la descente est devenue l'attraction essentielle pour une clientèle friande de sensations et pas très motivée par les longues marches ou les montées fatigantes. Aussi a-t-on imaginé dès les années 1930 différents systèmes de remontées mécaniques offrant le plaisir de la glisse à l'état pur, c'est-à-dire sans l'effort préalable de la montée.

L'ingéniosité des concepteurs étant illimitée, et les difficultés du terrain assez variées, on a vu se développer des installations très différentes, parfois insolites : systèmes terrestres – du type fil-neige, téléski, chemins de fer, etc. – et systèmes aériens – du type téléfériques, télésièges, télécabines, ascenseurs. Le parc français des remontées mécaniques, le plus puissant du monde, est passé de cinquante installations en 1945 à plus de quatre mille actuellement, correspondant à une capacité de 3,2 millions de passagers par heure pour un dénivelé total de 720 kilomètres.

Le surf des neiges

Le surf, directement inspiré de son homologue aquatique, est lui aussi d'origine californienne. La position est sensiblement la même (trois quarts gauche ou droit selon la tendance naturelle à virer d'un côté ou de l'autre), bras écartés pour le maintien de l'équilibre, absence de bâtons. C'est à Henri Authier que revient le mérite d'avoir, le premier, rapporté en France une «planche à neige» mise au point par l'Américain Dimitri Milovitch; et c'est à ses amis, moniteurs à Tignes et aux Arcs – Paul Loxton, Suzanne Mollard, Régis Roland, etc. – qu'échut la responsabilité de tester l'engin sur le terrain et d'en tirer parti.

Les longues glissades en traversée, les virages au ras de la neige, les trajectoires aériennes, les tracés en pleins et déliés, l'élégance avec laquelle la neige est effleurée, font du surf la forme la plus raffinée de la glisse. Popularisée notamment par les films de Didier Lafond (dont *Apocalypse Snow*), la drôle de planche aux couleurs vives et à la forme de poisson fait désormais partie du paysage des sports d'hiver; elle symbolise dans son expression la plus achevée cet état de quasi-apesanteur, cette ivresse à deux dimensions, cette dialectique jubilatoire du corps et de l'âme, de l'homme et de son support, cet «état de glisse» au lyrisme parfois surprenant : «c'est un état de non-pensée. On va vers l'infini en harmonie totale avec l'élément. Le corps devient un véritable médium qui canalise l'énergie de la nature pour se propulser... Tu fais l'amour avec la neige. Et elle te le rend.» (Yves Bessas).

Sport et industrie

Que reste-t-il des sports d'hiver d'autrefois? De cette époque à la fois proche et lointaine où nos aïeux découvraient émerveillés les jeux de société sur la

neige ? A l'évidence, la situation s'est en effet inversée depuis le temps où les amateurs de sports d'hiver devaient déployer des trésors d'imagination et d'obstination pour organiser – et même inventer parfois – tout ce qui leur était nécessaire.

Désormais, la puissante industrie des sports d'hiver assume toutes les initiatives, ou presque. Ses bureaux d'études mettent au point le meilleur matériel possible, utilisant les matériaux les plus sophistiqués (aluminium, kevlar, fibre de verre, graphite, etc.), soucieux de confort, d'esthétisme, d'ergonomie, renouvelant sans cesse leurs catalogues, produisant à des millions d'exemplaires tout ce qui – nécessaire ou superflu – peut séduire la clientèle des sports d'hiver, depuis les skis, les bâtons et les chaussures jusqu'aux lunettes de soleil, en passant par les combinaisons, chaussettes, bonnets, crèmes solaires, etc.

Atelier de fabrication des skis Rossignol, en 1961, à l'époque où les premiers skis métalliques furent mis au point. La société, numéro un mondial du ski depuis 1973, a été créée en 1907, à Voiron, dans l'Isère. A l'origine, elle fabriquait des objets de bois pour l'industrie textile (navettes etc.). Elle s'est mise au ski dès 1911 et, aujourd'hui, ses activités sont très diversifiées : chaussures de ski, raquettes de tennis, matériel de golf, vêtements de sport.

Bien que soumis à des procédures d'agrément, les équipements ont beaucoup modifié certains sites : à gauche, Tignes vers 1960, ci-dessus, Avoriaz.

Désormais, on n'a plus froid aux sports d'hiver : les combinaisons aux couleurs fluorescentes ne sont pas seulement élégantes, elles sont chaudes et imperméables, les pull-overs, les sweat-shirts en fourrure polaire, les gants doublés de matériaux isothermes garantissent une chaleur douillette quelle que soit la température. Désormais, on n'a plus mal aux pieds aux sports d'hiver : les chaussures à coque plastique, à partir de 1970, peuvent tout à la fois assurer une bonne tenue de la cheville (et donc une conduite précise des skis), et, grâce à un serrage judicieusement réparti, ne pas meurtrir les parties sensibles du pied. De plus, les fixations munies de systèmes de sécurité, pour libérer le pied en cas d'effort trop important, préviennent nombre d'accidents.

Des prestations irréprochables

Désormais, on ne se fatigue plus aux sports d'hiver : les remontées mécaniques, installées au bord des parkings, déposent les skieurs au sommet des pistes. Des cartes magnétiques à points, à la demi-journée, à la journée, à la semaine, à la saison, libèrent l'ouverture des portillons et donnent accès aux perches, aux cabines, télécabines et téléphériques. La pesanteur n'est plus un adversaire; elle devient un allié complaisant, toujours disponible depuis le haut des remontées mécaniques, jusqu'au bas des pistes, pour entretenir cette illusion de légèreté, de mouvement sans effort, de vitesse gratuite.

Désormais, on n'est plus seul aux sports d'hiver : les écoles de ski implantées dans toutes les stations, y compris les plus modestes, accueillent jeunes et moins jeunes, débutants ou skieurs confirmés, en cours individuels ou collectifs. Finis les hésitations, les perplexités, les tâtonnements : le chasse-neige, le pas chassé, l'allègement, les virages Stem, Christiania, «G.T.», la godille, font partie d'une progression soigneusement mise au point par des moniteurs dûment brevetés, diplômés de l'Ecole nationale de ski et d'alpinisme de Chamonix, créée en 1945. Il suffit de suivre les traces des moniteurs pour se familiariser avec la technique du ski; pour apprendre à tourner en gardant les spatules bien parallèles, bien jointives.

Désormais, on ne se perd plus aux sports d'hiver : les pistes sont soigneusement balisées. Du vert au noir en passant par le bleu et le rouge (par ordre de difficulté croissante), elles sont damées par des bataillons d'engins aux chenilles trapues qui travaillent la nuit, elles sont ouvertes le matin, fermées le soir par des pisteurs reliés par radio, prêts à secourir instantanément blessés et égarés.

Désormais, on ne s'ennuie plus aux sports d'hiver; sur les pistes tracées – modelées au bulldozer avec le souci constant d'offrir un parcours agréable et

L'enseignement du ski est assuré par des moniteurs diplômés d'Etat, les fameux «pull-overs rouges». Formés à l'E.N.S.A. à Chamonix, ils sont regroupés en associations dont la plus importante est celle des Ecoles du ski français (E.S.F.). La méthode est basée sur le regroupement par niveaux : de l'accueil des débutants au perfectionnement avec les qualifications correspondantes (étoiles, chamois, flèches, etc.). Chaque année, une compétition met aux prises les meilleurs moniteurs : c'est le Challenge national, occasion d'un rassemblement festif.

homogène, au pied des pistes où des films vidéo aident à passer le temps dans les files d'attente, au sommet des pistes où des terrasses de restaurants et d'hôtels s'offrent aux amateurs de bronzage immobile ; en dehors des pistes où tout est fait pour le plaisir et la distraction de la clientèle : patinoires, piscines et tennis couverts, cinémas, boîtes de nuit, etc.

Mode, industrie, phénomène de société : que sont devenus les sports d'hiver ?

Au-delà des chiffres, au-delà des bouleversements de l'économie du paysage et des traditions montagnardes, au-delà des cohortes de citadins migrants qui, chaque hiver, convergent vers les stations de ski, au-delà de leur impact économique et

Megève (ci-dessous) est l'une des plus anciennes stations françaises. Lancée au début du siècle par la baronne de Rothschild, la station savoyarde a vu son développement s'intensifier de façon spectaculaire après la seconde guerre mondiale. La «plus parisienne» des stations doit également beaucoup à l'un de ses enfants, le champion du monde Emile Allais.

Ci-contre, la piste de l'Aigle à Lans-en-Vercors. Les divers équipements et aménagements sont bien visibles : téléski, parking et déboisement. Dans bien des cas, il faut compléter ce travail par un remodelage de la pente au bulldozer. La neige, heureusement, recouvre tout cela.

de leur dimension sociale, les sports d'hiver restent un jeu où la nature n'est pas seulement un cadre mais aussi un partenaire essentiel : l'état de la neige, sa température, la déclivité du terrain, la nature des bosses sont autant de paramètres qui nécessitent de la part du skieur une réponse instantanée appropriée.

En dépit des canons à neige dont sont équipées certaines stations, et malgré le travail de chirurgie orographique des bulldozers, la nature conserve des droits et les premiers flocons de neige qu'elle dispense au gré d'une fantaisie parfois plus capricieuse que saisonnière sont attendus non plus comme une malédiction mais comme un don du ciel.

Neige fraîche, neige poudreuse, neige vierge ou transformée, neige de printemps, neige d'hiver... Autrefois maudite, tu es devenue magique. Belle, et rédemptrice, tu nous as réconciliés avec l'hiver, tu nous as donné cette illusion de légèreté, ce goût d'apesanteur, cette curiosité d'équilibre, cette envie d'oser... Tu as transformé notre sol en un immense rêve d'espace.

❝La neige a beaucoup neigé. Et le paysage s'est considérablement renouvelé. Le ski, du coup, se conjugue au pluriel. [...] Les images de ce sport aux facettes multiples [...] éclatent en technicolor et nous en mettent plein la vue. [...] En quelques années, la neige s'est beaucoup transformée. Quoi de plus normal, c'est dans sa nature même. Cette transformation plus ou moins contrôlée, résulte de la naissance, de l'événement ou de la maturation d'une kyrielle de sports de neige. Le ski comme un jeu ? Au sens le plus noble du terme.❞

Gilles Chappaz, *op. cit.*

la neige à 2500m...
TELEFERIQUE DE
L'AIGUILLE DU MIDI

TÉMOIGNAGES ET DOCUMENTS

“L’attrait des jeux de neige et de glace va croissant d’année en année. Qui a goûté n’y échappe plus. Les sports d’hiver sont un antidote à l’atmosphère assourdissante, enfumée, viciée, trépidante des grandes villes. Le sang coule plus généreux; les nerfs sont détendus et calmés; les muscles retrouvent leur souplesse naturelle.”

Gabriel Hanot, *L’Illustration,* 25 janvier 1930

Le ski lapon

Les Lapons, gens du Nord, ont été les premiers à utiliser le ski dans la vie quotidienne; et c'est avec une grande curiosité que les voyageurs des XVIe et XVIIe siècles, dont Francesco Negri et Johan Scheffer, les ont observés et décrits.

Le voyage de Francesco Negri (1623-1698)

Le moyen utilisé par les Lapons pour se déplacer rapidement sur la neige ne permet pas à un étranger non accoutumé de faire un seul pas; ce fut le cas pour moi, à mes débuts. Les Lapons se servent de deux minces planchettes de bois de faible largeur, et longues de 1,60 à 1,80 mètre, dont la partie antérieure est relevée de manière à ne pas enfoncer dans l'épaisseur de la neige. Au milieu de ces planches se trouvent des cordelettes destinées à fixer les pieds. Dans leurs mains, les Lapons tiennent un bâton muni, à son extrémité inférieure, d'un cercle de bois pour ne pas enfoncer dans la neige. Lorsque cette dernière est gelée, ou trop molle pour soutenir le

L'ouvrage d'Olaus Magnus, *Historia de gentibus septentrionalibus,* publié en 1555, comprend plusieurs représentations (ci-dessus), fantaisistes d'après Schefer, des «patins à neige».

poids d'un homme, alors le bâton n'est plus nécessaire.

Pour marcher avec les «skies», comme les appellent les Suédois, les planches ne doivent jamais être soulevées, mais, au contraire de la marche ordinaire, doivent glisser naturellement sur le sol.

A la montée, le skieur ne serait pas capable de faire un seul pas, car les planches, entraînées par le poids de l'homme, glisseraient en arrière. Aussi les Lapons ont-ils pensé à doubler leurs skis, aux endroits qui touchent la neige, avec des peaux de rennes, dont le poil est retourné à l'envers. Ainsi, quand, au cours de la montée, le ski tentera de glisser en arrière, le poil se fixera dans la neige et le bloquera. Au contraire, à la descente, le poil ne pourra plus faire opposition, puisqu'il se trouvera orienté dans le bon sens.

Comme il est impossible de contrôler la descente, puisque, lorsque les skis ont pris de la vitesse, il est difficile de les arrêter, il faut s'accroupir et rester dans cette position jusqu'à ce que la descente soit achevée. Naturellement, avec la vitesse, les skis continuent un peu sur leur lancée. Il ne faut cependant pas s'imaginer que l'allure est considérable, car personne ne se lance dans les descentes très rapides. Quant à moi, la première fois que je me suis aventuré sur des skis, à peine ceux-ci prenaient-ils de la vitesse que je me jetai à terre. Par la suite, j'ai compris qu'il n'y avait aucun danger, et, avec de la pratique, j'ai pu réussir mes descentes sans tomber. [...]

Il faut veiller à maintenir les skis parallèles, parce que, si les pointes antérieures se rapprochent, elles finissent par se heurter et provoquent la chute. De même, si elles s'écartaient démesurément, ce sont les extrémités postérieures qui, en se touchant, feraient tomber le skieur. Les chutes ne sont toutefois pas dangereuses si, comme c'est généralement le cas, on tombe sur le flanc. Le Lapon, lorsqu'il aperçoit un autre skieur à terre, accourt avec générosité pour le relever. Il existe un moyen de s'arrêter en n'importe quel endroit d'une descente. Toutefois, il ne faut pas espérer le faire dans la ligne que l'on est en train de suivre; il faut effectuer un rapide virage à droite ou à gauche en se mettant en travers de la direction de descente. Les skis continuent à glisser encore et finissent par s'arrêter. C'est ainsi que le Lapon pourra aider le skieur tombé à se relever.

Francesco Negri,
Voyage septentrional, fait et décrit par le révérend D. Francesco Negri, de Ravenne..., s. d. (vers 1670)

«Laponia», de Johan Scheffer

Les autres choses principales dont ils se servent pour chasser sont cette espèce de souliers de bois avec quoi ils vont fort vite sur les montagnes de neige et au milieu des vallées, courant après les bêtes sauvages. Ces souliers consistent en deux pièces de bois larges ou deux planches glissantes, qui servent merveilleusement bien pour la chasse quand il faut marcher sur les plus hautes neiges. Les peuples de Septentrion les nomment ordinairement *skider*, et par abréviation *skier*, ce qui a bien du rapport avec le mot allemand *scheitter*, par lequel ils signifient des pièces de bois fendues; ils les appellent aussi quelquefois *andrer* ou *ondrur*. [...]

Au reste les Lapons accommodent d'ordinaire ces semelles à leurs pieds par le moyen d'un petit cercle de bois pliant, qui passe à travers des deux côtés et par leur épaisseur, de peur que s'il passait, par dessous, il n'empêchât qu'elles ne

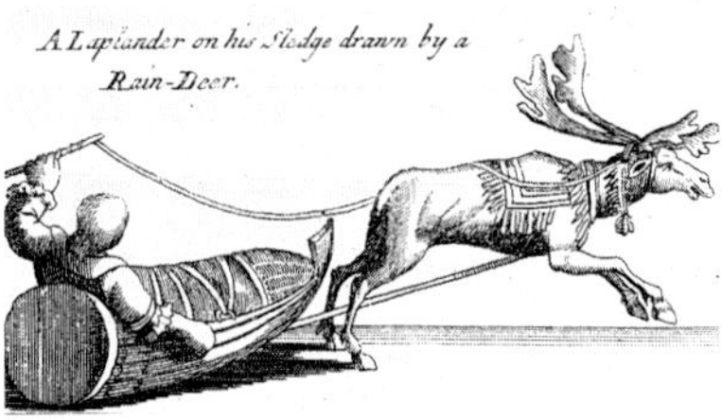

Planches extraites de l'ouvrage de Johan Scheffer, ci-dessus et page de droite.

fussent glissantes, ou qu'à force de courir il ne s'usât et se rompît, ce qui n'est point observé dans la figure de Frisius. Ce petit cercle est presqu'au milieu, en sorte que la moitié de la semelle avance au devant du pied, et l'autre moitié se trouve derrière, et la plante du pied est ferme sur ce milieu. Le pied engagé et fourré dans ce cercle d'osier est attaché à la semelle avec une certaine bande qui est liée au pied par derrière. La peinture que l'on en voit en plusieurs endroits chez Olaus Magnus, et qui a été aussi donnée par Frisius, est une pure invention d'un peintre, qui demeurant en Italie n'a pas pu comprendre comment étaient faites ces semelles de bois des Lapons, et n'a pas pu s'exempter de les faire comme des souliers de bois extrêmement longs par le devant, et ayant au bout une pointe relevée par en haut, lesquels étant creusés sur le bout de derrière, les pieds s'y mettent dedans par cet endroit, comme on fait dans les sabots ordinaires et les autres chaussures de bois. Ce qui est très mal et n'a aucun rapport avec la description qu'Olaus donne de ces semelles plates, comme on remarque qu'elle a été exécutée dans toutes les autres figures de son ouvrage. Le pied ne se pose jamais sur l'extrémité de la semelle, mais sur le milieu, et cela ne se fait pas sans une très bonne raison; car si on le mettait seulement sur le bout, il ne pourrait mouvoir cette effroyable longueur qui se trouverait au devant de lui, et elle ne pourrait tenir ferme dans le pied, qui n'aurait pas la force de porter ni de lever un si grand poids qu'il aurait par devant. On ne pourrait enfin exécuter ce pour quoi les semelles ont été inventées, qui est de tenir ferme et de faire ainsi sûrement marcher sur la neige, ce qui ne se pourrait pas faire si l'homme était sur l'extrémité de la semelle, la chargeant ainsi de toute la pesanteur de son corps. Mais parce qu'il est à présent placé sur le milieu de la semelle, il y a de quoi se soutenir tant par le devant que par le derrière, et s'empêcher ainsi d'enfoncer dans la neige.

Les Lapons courent donc sur la neige de cette manière. Ayant ces semelles sous leurs pieds, ils se servent aussi d'un bâton qu'ils tiennent à la main, à l'autre bout duquel il y a une planche ronde, de peur qu'il ne perce et n'entre pas dans la neige; ils se servent de ce bâton pour se conduire et pour se lancer.

Etant en cet état ils vont comme ils veulent en montant, en descendant, tout droit en tournant sur des montagnes de neige, ils vont dis-je d'une vitesse admirable et ils se lancent sur le glacier de la neige avec une étonnante facilité.

Les Latins n'ont point de nom bien propre pour exprimer cette sorte de course, parce qu'ils n'en ont point eu de connaissance. Les Suédois qui sont des peuples voisins des Lapons appellent *skriida*, quand ils vont ainsi sur la glace ou sur les neiges durcies par la gelée, ayant à leurs pieds des souliers de bois.

[...] Cette course ne se fait pas seulement sur des endroits unis, mais encore au travers des lieux élevés et fort inégaux, en telle sorte que les Lapons montent ainsi sur la cime des montagnes, comme l'expérience qui s'en fait tous les jours nous l'enseigne. Saxo dit le même des «Scricfinns» ou «Skidfinns», dont il décrit toute l'adresse. Cette nation accoutumée à une espèce de voiture qui n'est nullement ailleurs en usage, et animée par l'ardente passion de la chasse, monte ainsi sur les hauteurs des montagnes, et il n'y a point de rocher, pour élevé qu'il puisse être, sur le sommet duquel elle n'arrive par les ingénieux contours de cette course. Elle quitte premièrement le bas des vallées et s'élevant peu à peu, elle se coule au pied des collines tournant toujours en rond, et ainsi elle se fait chemin biaisant par de fréquents détours, jusqu'à ce qu'elle soit arrivée par diverses courses circulaires sur le plus haut du lieu, où elle avait résolu d'arriver. Il appelle ces semelles de bois nommées *skriider,* une voiture qui n'est plus en usage, comme le reste de la description le fait bien voir, et Olaus Magnus a inséré ces paroles de Saxo au lieu où il décrit ces semelles et ce genre de course. Ils s'en servent donc pour monter sur le sommet des montagnes, non pas par le plus droit et le plus court chemin, mais par des détours; ce que le Pape Paul III ne put jamais croire, ainsi qu'Olaus le confesse. Mais ce qui est encore plus difficile que de monter avec ces semelles sur le plus haut des montagnes, c'est qu'ils descendent des plus hautes, comme sont celles des frontières de la Norvège, d'une vitesse très grande, sans se laisser tomber ni se précipiter; ce qui surpasse l'imagination. Quoique les Lapons, outre cette industrie, aient encore celle de garnir ces semelles de peaux de jeunes rennes, ce qu'ils font pour courir plus vite sur les plus hautes neiges, coulant plus facilement et évitant plus commodément les fondrières et les précipices des rochers, se tournant de l'autre côté, et pour ne pas retomber en bas, lorsqu'ils se lancent en haut et qu'ils s'efforcent de monter, parce que les poils se rebroussant se dressent en pointes comme le poil d'un hérisson, et par une vertu admirable de la nature, ils résistent et empêchent qu'ils ne retombent. [...]

Voilà donc la première chose dont ils se servent en leurs chasses, et pour toutes autres sortes d'affaires qu'il faut expédier en hiver; car on ne peut autrement cheminer en cette saison, quand les neiges sont hautes.

Toutes les fois que les Lapons s'en servent, s'ils veulent se lancer de toutes leurs forces, ils vont si vite qu'ils passent à la course les loups, les rennes et les autres bêtes sauvages, et les tuent après les avoir attrapées.

Johan Scheffer,
Histoire de la Laponie,
traduction du latin, 1678

Scènes de la vie courante en Laponie : entre les patins à glace et les raquettes à neige, les graveurs chargés d'illustrer les récits de voyage en Laponie hésitaient parfois et, faute d'informations précises, imaginaient ce qu'ils n'avaient pas eu le loisir de voir directement.

Séraphîta, une skieuse chez Balzac

Où Balzac a-t-il puisé ses informations relatives au «patin à neige» norvégien? Qui lui a parlé du ski avec une précision telle que la description du célèbre romancier ne manque ni d'intérêt, ni de réalisme? Car, en 1835, à l'époque où paraissait «Séraphîta», personne en France ne connaissait le ski...

❝...tous deux, ils firent siffler sur la neige de longues planches attachées à leurs pieds...❞

Chapitre I

Séraphîtüs.

[...] L'hiver de 1799 à 1800 fut un des plus rudes dont le souvenir ait été gardé par les Européens; la mer de Norvège se prit entièrement dans les fiords, où la violence du ressac l'empêche ordinairement de geler. Un vent dont les effets ressemblaient à ceux du levantis espagnol avait balayé la glace du Stromfiord en repoussant les neiges vers le fond du golfe. Depuis longtemps il n'avait pas été permis aux gens de Jarvis de voir en hiver le vaste miroir des eaux réfléchissant les couleurs du ciel, spectacle curieux au sein de ces montagnes dont tous les accidents étaient nivelés sous les couches successives de la neige, et où les plus vives arêtes comme les vallons les plus creux ne formaient que de faibles plis dans l'immense tunique jetée par la nature sur ce paysage, alors tristement éclatant et monotone. Les longues nappes de la Sieg, subitement glacées, décrivaient une énorme arcade sous laquelle les habitants auraient pu passer à l'abri des tourbillons, si quelques-uns d'entre eux eussent été assez hardis pour s'aventurer dans le pays. Mais les dangers de la moindre course retenaient au logis les plus intrépides chasseurs, qui craignaient de ne plus reconnaître sous la neige les étroits passages pratiqués au bord des précipices, des crevasses ou des versants. Aussi nulle créature n'animait-elle ce désert blanc où régnait la bise du pôle, seule voix qui résonnât en de rares moments. Le ciel, presque toujours grisâtre, donnait au lac les teintes de l'acier bruni. Peut-être un vieil eider traversait-il parfois impunément l'espace à l'aide du chaud duvet sous lequel glissent les songes des riches, qui ne savent par combien de dangers cette plume s'achète; mais, semblable au Bédouin qui sillonne seul les sables de l'Afrique, l'oiseau n'était ni vu ni entendu; l'atmosphère engourdie, privée de ses communications électriques, ne répétait ni le sifflement de ses ailes ni ses joyeux cris. Quel œil assez vif eût d'ailleurs pu soutenir l'éclat de ce précipice garni de cristaux étincelants, et les rigides reflets des neiges à peine irisées à leurs sommets par les rayons d'un pâle soleil, qui, par moments, apparaissait comme un moribond jaloux d'attester sa vie? Souvent, lorsque des amas de nuées grises, chassées par escadrons à travers les montagnes et les sapins, cachaient le ciel sous de triples voiles, la terre, à défaut de lueurs célestes, s'éclairait par elle-même. Là donc se rencontraient toutes les majestés du froid éternellement assis sur le pôle, et dont le principal caractère est le royal silence au sein duquel vivent les monarques absolus. [...]

Par une matinée où le soleil éclatait au sein de ce paysage en y allumant les feux de tous les diamants éphémères produits par les cristallisations de la neige et des glaces, deux personnes passèrent sur le golfe, le traversèrent, et volèrent le long des bases du Falberg, vers le sommet duquel elles s'élevèrent de frise en frise. Etait-ce deux créatures, était-ce deux flèches? Qui les eût vues à cette hauteur les aurait prises pour deux eiders cinglant de conserve à travers les nuées. Ni le pêcheur le plus superstitieux, ni le chasseur le plus intrépide n'eût attribué à des créatures humaines le pouvoir de se tenir le long des faibles lignes tracées sur les flancs du granit, où ce couple glissait néanmoins avec l'effrayante dextérité que possèdent les somnambules quand, ayant oublié toutes les conditions de leur pesanteur et les dangers de la moindre déviation, ils courent au bord des toits en gardant leur équilibre sous l'empire d'une force inconnue.

– Arrête-moi, Séraphîtüs, dit une pâle jeune fille, et laisse-moi respirer. Je n'ai voulu regarder que toi en côtoyant les murailles de ce gouffre; autrement, que serais-je devenue? Mais aussi ne suis-je qu'une bien faible créature. Te fatigué-je? – Non, dit l'être sur le bras de qui elle s'appuyait. Allons toujours, Minna! la place où nous sommes n'est pas assez solide pour nous y arrêter.

De nouveau, tous deux ils firent siffler sur la neige de longues planches attachées à leurs pieds, et parvinrent sur la première plinthe que le hasard avait nettement dessinée sur le flanc de cet abîme. La personne que Minna nommait Séraphîtüs s'appuya sur son talon droit pour relever la planche longue d'environ une toise, étroite comme un pied d'enfant, et qui était attachée à son brodequin par deux courroies en cuir de chien marin. Cette planche, épaisse de deux doigts, était doublée en peau de renne dont le poil, en se hérissant sur la neige, arrêta soudain Séraphîtüs; il ramena son pied gauche dont le patin n'avait pas moins de deux toises de longueur, tourna lestement sur lui-même, vint saisir sa peureuse compagne, l'enleva malgré les longs patins qui armaient ses pieds, et l'assit sur un quartier de roche après en avoir chassé la neige avec sa pelisse.

– Ici, Minna, tu es en sûreté, tu pourras y trembler à ton aise. – Nous sommes déjà montés au tiers du *Bonnet de glace,* dit-elle en regardant le pic auquel elle donna le nom populaire sous lequel on le connaît en Norvége. Je ne le crois pas encore.

Honoré de Balzac,
Séraphîta,
1835

Maurice Leblanc aux sports d'hiver

Arsène Lupin n'était pas encore né, à l'époque où son génial inventeur sacrifiait à la tradition naissante des sports d'hiver. Le célèbre romancier a-t-il trouvé sur les pistes de ski quelques idées diaboliques à l'usage de son héros, dont les premières aventures commencèrent en 1908?

Un peu las, je rangeai ma luge au bord de la route et regardai passer devant moi, le long du ruban de neige qui descendait en serpentant de Caux à Glion, la théorie des lugeurs. Isolés ou groupés par deux, par trois ou par quatre, ils glissaient à une telle vitesse qu'on distinguait à peine, parmi la poussière de neige soulevée, l'armature des petits traîneaux qui les portaient. Un cri spécial, un «aaaaah» aigu et prolongé, marquait leur passage. Et d'autres venaient et d'autres encore.

Au-dessous, masquant Montreux et le lac de Genève, c'était la mer étrange du brouillard, la mer fantastique, irréelle, gonflée de vagues de brume immobiles et gigantesques, et sur cette mer, sur l'immensité blanche des montagnes, un soleil d'été éblouissant, presque brutal.

– Eh bien! qu'est-ce que tu fais là?

– Ah! Devraine, m'écriai-je, après une seconde d'hésitation.

Ancien camarade de sport aux temps héroïques de la bicyclette, Devraine avait émigré en Angleterre, et je ne l'avais point vu depuis dix ans. On se serra les mains énergiquement, car une bonne amitié nous liait jadis, et Devraine était un garçon sympathique, un peu original, mais franc et serviable. Puis nous remontâmes vers Caux en bavardant, tous deux traînant notre luge au bout d'une corde. Et, reprenant sa

question, à mon tour je lui demandai :

– Et toi, que fais-tu là?

– Mais du sport, bien entendu. Qu'y a-t-il d'intéressant ici-bas en dehors du sport? Et parmi les sports y en a-t-il un seul qui puisse lutter avec les sports d'hiver, le patinage, le bob-sleigh, le sky?

– Certes, lui dis-je, je ne connais rien qui vaille la sensation de cette dégringolade vertigineuse au flanc d'une montagne. C'est la vitesse la plus grisante, la plus facile en même temps. Mais j'avoue que c'est un peu bref, et que, quand je suis arrivé tout en bas, et qu'il me faut prendre, pour remonter à Caux, le train des lugeurs, mon enthousiasme est singulièrement refroidi.

– Ah! s'écria-t-il, comme tu es bien français! Il vous faut toujours vos aises. Vous n'aimez que le commode, ce qui ne coûte pas de peine. Vous craignez tout ce qui est violent, âpre, excessif. Pourquoi votre beau monde de Paris a-t-il abandonné la bicyclette pour l'automobile, sinon parce que l'une nécessite autant d'efforts et de persévérance que l'autre en exige peu?

– Mais n'es-tu pas français?

– Je l'ai été.

– Allons donc!

– Je me suis fait naturaliser anglais.

Il me prit le bras et me dit :

– Mon cher, quand on n'a qu'un but, qu'une idée et qu'une joie, le sport, on est anglais ou bien l'on renonce au sport. Seul, ce peuple-là connaît, comprend, aime et pratique le sport. C'est un intérêt national. Vous autres, vous vous amusez à faire du sport, eux ils le vivent, ils le respirent, ils l'aiment, comme vous aimez... comme vous aimez la femme, par exemple.

Maurice Leblanc,
«Contes du soleil et de la pluie.
Sports d'hiver»,
L'Auto, 23 janvier 1906

«Le prône du curé de Sarcenas»

Les dames ont été contraintes jusque vers 1920 de conserver leur robe sur les pistes de ski. Les ecclésiastiques également, ce qui ne semble pas avoir entamé leur enthousiasme, du moins si l'on en juge par ce vibrant plaidoyer du curé de Sarcenas, petite commune de l'Isère.

J'arrivai enfin à Grenoble, je n'avais point de poussière, la belle gelée de la nuit avait durci les routes et j'étais en état de me présenter à l'Evêché. […]

Monseigneur me dit : «Monsieur le Curé, je vous ai fait venir pour vous demander quelques explications sur votre conduite, Monsieur le Chanoine va vous expliquer à quel propos».

Sur ma conduite, grand Dieu! que peut-on bien avoir à me reprocher? Des gouttelettes de sueur froide me perlaient au visage et je regardai le chanoine qui ne paraissait pas se presser de parler. Je ne crois pas que saint Laurent sur son gril ait autant souffert.

Enfin le chanoine, qui était un abbé joufflu et gras avec une physionomie qui, à première vue, m'était plutôt hostile, dépourvue de la bienveillance que je croyais voir dans les yeux de Monseigneur, se décida à dire sur un ton que je jugeai impertinent et railleur, d'une petite voix flûtée, étonnante, dans un si gros corps : «Il paraît que vous faites du ski?»

Je m'attendais à des choses tellement énormes et j'avais fait un tel effort sur moi-même pour en supporter le choc, que je rebondis sur mon fauteuil; je regardai le chanoine, je regardai Monseigneur qui, me semble-t-il, se pinçait les lèvres et je m'écriai : «C'est pour me dire ça que vous m'avez fait venir! Sainte Mère du ciel, est-il possible?» Et mes deux mains s'abattirent sur mes genoux dans un geste plutôt sans gêne et déplacé, je m'en rends bien compte maintenant.

Le gros chanoine avait repris : «Vous n'avez pas l'air, Monsieur le Curé, d'avoir compris la gravité de cette accusation, mais d'abord la reconnaissez-vous?

– Si je la reconnais, et comment pourrais-je faire autrement, c'est moi qui

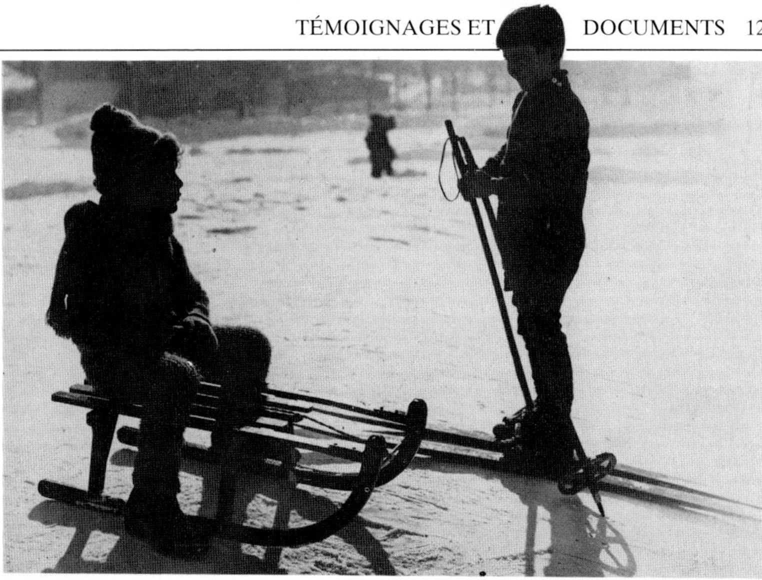

ai fait venir la première paire de skis à Sarcenas, c'est moi qui ai monté la première lugge [sic], et qui ai donné les premières leçons à mes paroissiens, si je le reconnais? bien sûr.» [...]

«Monsieur le curé, dit le chanoine, il y a des choses qu'on n'a pas besoin de se faire dire, vous avez compromis la dignité de notre ministère; est-il convenable qu'un curé à cheveux blancs comme vous aille faire des pirouettes sur la neige, pirouettes qui ne sont pas toujours heureuses si j'en juge par celle qui a été reproduite sur cette photographie.»

Et il me tendait une carte postale, oui une carte postale, où j'ai été saisi au moment où je me débattais dans un champ de neige pour arriver à me remettre sur pied. Ah! la belle pelle que j'avais prise ce jour-là, c'était dans le grand champ, derrière le château; j'avais descendu la pente à toute vitesse et avant de m'en être douté je m'étais trouvé par terre avec mes skis relevés et ma soutane aussi, paraît-il, du moins la photographie en témoignait. Je me rappelle maintenant qu'un autre skieur était là et c'était lui, sans doute, le mauvais plaisant qui m'avait photographié, à moins que le diable, avec lequel je suis au plus mal, depuis que je lui ai soufflé l'âme du vieux père Soiffard sur laquelle il comptait, n'ait envoyé lui-même un de ses démons les plus malins pour me jouer ce vilain tour. [...]

«Serait-ce, dit Monseigneur, une grande privation que de vous interdire de vous livrer à ces sports?

– Monseigneur serait trop bon de s'en tenir là, la privation serait dure mais je la subirai par mortification.

– C'est, intervint le chanoine, une mortification facile, on peut, il me semble, se passer sans peine d'une fantaisie pareille.»

Il disait cela d'un petit ton sec qui ne m'allait pas, je me tournai vers lui et d'une façon trop vive je lui répondis : «On voit bien, Monsieur le Chanoine, que vous ne connaissez pas les choses que vous critiquez, si vous étiez perdu dans les montagnes et que vous n'ayez qu'un plaisir et qu'on vous l'enlève, je ne sais pas bien ce que vous diriez.

– Comment? ce que je dirais! je ne dirais rien, croiriez-vous que je me serais mis au cas de recevoir des reproches comme ceux que vous avez mérités?

– Oh! non, Monsieur le Chanoine, vous ne vous seriez pas mis dans ce cas, pour s'y être mis il faut avoir des défauts que vous n'avez pas et des passions qui vous sont étrangères.

– Quelles passions? dit Monseigneur.

– La passion du grand air, des larges espaces, des courses folles, le vertige de la vitesse, le goût des violents efforts qui donnent des sensations ignorées et fuyantes où tout l'être vibre.»

Ces choses-là se sentent et ne s'expliquent pas; comment faire comprendre à ceux qui n'ont pas éprouvé ces impressions qu'on parte sur des champs de neige, traînant aux pieds ces longs patins qui vous soutiennent à la surface de cette nappe immaculée et étincelante, qu'on gravisse péniblement les longues pentes presque verticales qui montent jusqu'au pied de la forêt; qu'on tombe et qu'on se relève pour retomber un peu plus loin, pour enfin arriver au sommet de la côte vertigineuse et que de là, après un moment d'arrêt, quand le cœur a cessé de battre à coups précipités sous l'effort de la montée, qu'on se laisse aller, les yeux plongeant dans le vide, dans un glissement qui s'accélère, qui semble presque vous enlever du sol et vous donner les ailes de l'oiseau.

«Ah! mes bons skis, je ne laisserai pas médire de vous, je vous sens encore à mes pieds, fermes et doux, flexibles, rebondissants, quand vous m'enleviez sur les pentes, si dociles à suivre en des courbes attrayantes la pression fugitive d'une inclinaison du corps et la fantaisie d'un désir à peine conçu. Comment décrire le charme de votre allure légère qui laisse à peine une trace sur la surface molle de la neige, vos élans soudains, vos envolées, vos caprices, non je n'en ai pas le pouvoir et c'est ce qui me désespère.

– C'est de la divagation, interrompit le chanoine, qui pendant que je parlais donnait des signes d'impatience.»

Monseigneur, lui, me regardait mais ne disait rien, enfin il prit la parole :

«Vraiment, Monsieur le Curé, je vois que vous n'exagériez rien en parlant d'une passion. C'en est une, mais l'entretenez-vous depuis longtemps?

– Hélas non, Monseigneur, saint Olaf, qui est le patron des skieurs, n'était pas français et on a mis trop longtemps à le connaître en France. Si seulement je l'avais connu vingt-cinq ans plus tôt, je serais un skieur adroit, je ferais de ces sauts qui font mon désespoir quand je les vois représentés sur les journaux illustrés, au lieu que je ne puis m'élancer à deux ou trois mètres sans retomber lourdement; les belles journées de jeunesse que j'ai perdues à ne pas le connaître! Le progrès dont on parle tant est vraiment bien lent et je trouve inouï que dans nos montagnes on ait ignoré si longtemps ces sports merveilleux.[...]

– Avez-vous donc fait des prosélytes, dit Monseigneur, vos paroissiens sont-ils aussi des disciples de saint Olaf?

– Sans doute, Monseigneur, les enfants surtout; ils sont beaux à voir, allez, mes petits paroissiens, sur leurs skis de sapin, sautant et bondissant dans les clairières avec une agilité que je ne retrouverai jamais. J'en ai fait des élèves qui seront des maîtres plus tard, et les officiers de leurs bataillons alpins m'en feront des éloges, j'en suis sûr. Je dois vous dire, même, qu'ils sont plus assidus à mes catéchismes depuis que je leur donne cette bonne parole et ces enseignements qui en font passer bien d'autres. Les fillettes elles-mêmes sont de première force à la lugge, quand elles ne s'exercent pas aussi au ski, et ce sont des distractions saines et fortes que j'encourage. Y a-t-il du mal?

– Aucun, aucun, dit Monseigneur, et je commence vraiment à revenir un peu sur ma première impression.»

Je sentis que Monseigneur fléchissait et j'eus l'audace de dire :

«Même pour moi, Monseigneur?

– Même pour vous, et je suis disposé à vous rendre vos skis.

– Me rendre mes skis?

– Oui, mais à la condition que vous ne vous ferez plus photographier.

– Croyez, Monseigneur, que je ne m'y suis pas prêté de mon plein gré, mais je vous promets qu'à l'avenir je fuirai les photographes comme la poule fuit l'épervier.»

Je suis revenu ici d'un pas plus léger à la montée que le matin à la descente.

Voilà le récit de mon voyage à Grenoble et j'ai à peu près fini mon prône d'aujourd'hui, cependant je veux, pour ne pas aborder une autre fois ce sujet qui nous retient trop loin des Saintes Ecritures, en profiter pour faire quelques observations et vous donner quelques conseils. [...]

Mes réprimandes s'adresseront tout d'abord aux jeunes enfants; il ne faut pas que sous le prétexte que la neige est bonne et que les chemins sont glacés, ils aillent s'amuser dans les champs au lieu d'aller en classe. C'est aux parents à les surveiller et ce n'est pas mon affaire.

Quant aux jeunes gens et aux jeunes filles, qu'ils m'écoutent bien et prennent note de mes conseils; j'en ai vu qui partaient faire des parties de skis dans les grandes prairies du Col de Porte et j'ai vu que des couples se formaient et même qu'on allait à deux sur une seule paire de skis en se tenant par les épaules; je n'aime pas bien ces tours de force et je m'en méfie; comme ces exercices finissent toujours par une culbute finale, j'aime bien mieux que l'on tombe seul que si l'on tombe à deux à la fois, même sur la neige. J'en ai assez dit et les mères de famille me comprendront et surveilleront leurs filles. J'ai vu aussi qu'on se mettait à deux sur les lugges, par couple de préférence, à cela je ne vois pas grand mal, vous savez tous que je n'ai jamais défendu les amusements honnêtes entre filles et garçons, il faut bien qu'ils arrivent à se connaître, celui-là en est un, mais il faut cependant s'y livrer avec décence. Pas plus tard qu'hier sur la route du Sappey, j'ai rencontré une jeune fille et un jeune homme sur une lugge, la jeune fille était au premier rang, elle conduisait les jambes en avant; son compagnon assis en arrière avait passé les deux bras autour de sa poitrine et ils allaient ainsi renversés l'un sur l'autre; quand ils m'ont aperçu ils ont pris une autre pose. Je ne veux pas les nommer, ils m'entendent et ils ont compris. Que je ne revoie plus chose pareille, ou je saurai ce que j'ai à faire; la robe de la congrégation de la Sainte Vierge n'est pas faite pour des petites dévergondées.

Je préfère que les garçons se mettent à l'avant des lugges, leur rôle est de diriger les femmes en croupe, voilà leur place. De cette façon tout ira mieux.

Le Prône du curé de Sarcenas
sur les sports d'hiver,
Henri Génévrier,
Grenoble, 1909

«Les femmes et le ski»

Les débuts du ski alpin coïncident dans le temps avec ceux de l'aviation, aussi n'est-il pas étonnant que des précurseurs de l'aéronautique, tels que Marie Marvingt, se soient également illustrés sur des skis, avec le même enthousiasme et la même ardeur militante que pour la cause féminine...

Il n'est pas de sport plus sain, plus fortifiant, exerçant mieux les muscles, domptant davantage les nerfs que le ski-ing. Là, plus de comparaison fâcheuse de l'homme avec la femme, pouvant montrer que celle-ci ne peut rivaliser avec celui-là, qu'elle est trop faible pour le suivre, que l'effort est trop grand et autres arguments que le sexe fort ne manque pas d'employer lorsqu'il veut se débarrasser de celles qu'il est trop heureux de retrouver lorsqu'il rentre. C'est plus l'adresse et l'habileté que l'effort musculaire qui entrent en jeu. Il est notoire que des femmes petites, souples, d'apparence chétive même apprendront avec plus de facilité que des hommes vigoureux, lourds, gros. Ceux-ci n'acquerront l'adresse et l'habileté nécessaires qu'après un travail long et pénible, celles-là, pour ainsi dire, y parviendront dès leur première leçon. Les mouvements deviendront vite faciles et presque instinctifs chez elles, elles les accompliront sans effort si elles se livrent aux mains d'un professeur expert. Et l'un des avantages de la femme sur l'homme pour apprendre vite est sa merveilleuse aptitude à endurer des efforts souvent longs, sinon pénibles, sans altérer sa santé.

Je puis affirmer que l'inhabileté que montrent certaines de mes semblables à leurs débuts dans le ski-ing provient non pas de leur sexe ou de leur tempérament, mais de la sorte de mépris avec lequel les hommes semblent toujours les considérer au point de vue sportif. Heureusement, nous sommes arrivées à une époque où nous pouvons hardiment secouer le joug. Dans les divers sports, nous avons fait nos preuves, et, étant donné l'époque récente depuis laquelle nous nous y consacrons, il nous est permis de fonder les plus légitimes espoirs sur l'avenir. En ce qui me concerne, j'ai pratiqué la natation – prenant part à la traversée de Paris à la nage –, l'aéronautique – concourant comme pilote dans le Grand-Prix de l'Aéro-Club –, l'aviation – étant première détentrice de la Coupe Fémina, pendant quelques jours – et le ski, pour ne parler que des principaux sports auxquels je me suis adonnée. Que d'autres de mes semblables m'imitent. Qu'elles imitent celles qui m'ont précédée, celles qui m'ont suivie et ceux qui se disent nos maîtres s'apercevront bientôt qu'ils possèdent en nous des adversaires avec lesquelles il faut compter. Ils ne pourront plus désormais se servir des antiques lieux communs d'après lesquels l'anatomie de la femme ne saurait s'accommoder d'un effort suivi. Il existera certes toujours quelques différences primordiales, sinon fondamentales, qui nous interdiront la pratique de certains sports à cause de la vigueur et de la force brutale qu'il faut y déployer, mais combien d'autres nous seront ouverts qui jusqu'ici nous avaient été, peut-on dire, absolument interdits. D'ailleurs, avec la pratique et l'entraînement, ne pourrions-nous pas rivaliser avec les hommes dans presque tous?

Un homme, s'il commence à apprendre un nouveau sport, le travaillera jusqu'à ce qu'il soit fatigué, moment où il s'arrêtera. Une femme lassera souvent son enthousiasme en s'y adonnant plus qu'elle ne le peut. Et c'est ce qui cause la plupart du temps le désavantage de la femme, car c'est souvent de la première leçon que dépendent la valeur et l'adresse dans un exercice.

C'est surtout sur la question de l'habillement et de l'équipement qu'hommes et femmes se départagent et que l'avantage reste souvent à ceux-ci. C'est là qu'il éclate de la façon la plus frappante et la plus froissante même pour la coquetterie féminine. Nous ne discuterons pas ici sur le point de savoir qui est le plus orgueilleux. Mais il est un fait certain, c'est que rarement – sauf dans son extrême jeunesse – un homme laissera sa vanité se mêler à son bien-être, tandis qu'une femme acceptera facilement d'endurer des désagréments et des fatigues inutiles pour paraître plus belle. Dans chaque sport qu'il pratique, la considération principale de l'homme sera l'utilité de tel ou tel point de son équipement. Tandis que l'objectif qui primera tout chez la femme sera :

– Ce vêtement m'ira-t-il bien? Ce chapeau est-il seyant? Cet ustensile ne me fera-t-il pas paraître ridicule?

Et si le vêtement ne lui va pas bien, mais s'il est le plus adéquat, elle le refusera, si le chapeau sans élégance est le plus pratique, elle le repoussera, si l'ustensile ridicule est indispensable, elle ne voudra pas en entendre parler, tant qu'elle n'aura pas constaté par sa propre expérience que ces divers objets sont absolument nécessaires.

Or, si une femme veut sérieusement faire du tourisme dans la montagne elle devra avant tout s'occuper de son costume. [...]

L'habillement le plus pratique consiste dans une veste, une petite jupe et une culotte, puisqu'il faut en passer par là. La veste doit être ample et aura des poches assez larges pour enfermer les objets indispensables tels que canif, lunettes vertes, ficelle, foulard, etc. La culotte doit être soigneusement coupée. Trop serrée, comme les pantalons des hommes, elle tendrait à faire croire que les genoux se heurtent. Par conséquent, l'étoffe devra surplomber le genou à l'endroit où les leggins commenceront. La jupe doit être courte et aussi légère que possible de façon à pouvoir être mise sans difficulté dans le sac, de même qu'il convient de pouvoir l'ôter ou la remettre sans difficulté. En ce qui concerne le vêtement à mettre sous la veste, les avis sont partagés : les uns endossent un épais chandail, d'autres une chemise de flanelle.

Pour la coiffure, le choix est plus étendu. Il faut surtout en mettre une garantissant avec soin les oreilles au cas où il y aurait du vent, une tempête ou un froid intense. Vous pouvez prendre ce que vous préférez, mais le meilleur est certainement le petit bonnet en tricot, le passe-montagne.

Les chaussures ne seront pas très hautes et il faut prendre, malgré la répugnance que cette obligation vous fera éprouver, plusieurs pointures supérieures à la vôtre, car vous devez mettre par-dessus vos bas une ou deux paires d'épaisses chaussettes pour vous protéger de la gelée dans les excursions à de hautes altitudes. Là encore les femmes sont de grandes pécheresses, car bien souvent, faute d'avoir des souliers leur permettant de se réchauffer les pieds convenablement et de façon profitable, elles retardent leurs progrès, car elles ne peuvent pas prendre part à d'intéressantes et instructives excursions. Il ne faut pas tâcher de faire des économies dans l'achat des chaussures. Dans ce cas, comme dans bien d'autres, les plus chères sont les plus sûres et en fin de compte, grâce à l'usage qu'on peut en tirer, elles sont les meilleur marché. Elles doivent d'ailleurs être imperméables, et c'est l'une des raisons de leur prix élevé.

Rien n'est plus agréable que les excursions en montagne composées d'hommes et de femmes. Une camaraderie charmante s'établit entre eux, beaucoup plus sincère que dans les conversations mièvres qui ont cours dans les salons. Je ne suis pas partisante [...] des excursions exclusivement faites par des femmes. Il est certain qu'elles présentent l'avantage de leur donner des habitudes d'indépendance et d'observation qui ne sauraient leur nuire et qu'elles n'acquerront qu'à la longue dans le tourisme avec les hommes. Mais il ne faut pas oublier que ceux-ci, tout au moins ceux avec lesquels on s'aventure, possèdent une longue expérience de la montagne que peu de femmes peuvent faire valoir. Et c'est là un grand point. Aussi, en attendant des prouesses féminines plus probantes, ne conseillerai-je pas les excursions uniquement féminines. J'accorde ma préférence aux lanpars et aux begsoms, chaussures norvégiennes.

En ce qui concerne les conseils que je n'oublierai pas de donner en terminant, je dirai aux débutantes : ne cherchez pas à vous imposer une longue promenade lorsque vous croyez que vous n'êtes pas capable de la faire. N'oubliez pas que dans la montagne il n'y a ni taxi ni fiacres, et qu'une fois partie vous devez revenir par les propres moyens du bord. C'est dire que si vous êtes prise de fatigue vous serez une gêne pour vos compagnons, qui, trop polis, auront accepté de vous emmener. Ne partez avec eux que lorsque vous serez absolument aguerrie et entraînée, car rien n'est plus désagréable que les arrêts en pleine montagne, le retour avant d'être arrivé au point désiré et autres inconvénients que votre défaillance ne manquerait pas de susciter. Si vous vous rendez compte que vous ne pouvez pas faire une telle excursion, soyez… homme et ayez le bon sens de décliner l'honneur d'y prendre part. Pendant ce temps-là, vous travaillerez, pour n'avoir plus à refuser une autre fois.

En résumé, je déclare que lorsque les femmes veulent s'en donner la peine beaucoup d'entre elles sont capables d'accomplir avec les hommes les ascensions les plus difficiles, car au point de vue courage, énergie, endurance et aptitude physique elles compensent ce que les hommes ont de plus développé sous le rapport de la vigueur et de la musculature. Mais elles doivent faire abstraction des quelques travers que je me suis permis de leur faire observer au cours de cette étude et que je m'excuse de leur avoir fait toucher du doigt.

Marie Marvingt,
dans L. Magnus et R. de la Frégeolière,
Les Sports d'hiver, P. Lafitte, 1911

1278 - Chamonix - Concours international de Ski 1908
L'équipe des Dames. Ph. C. Chusseau-Flaviens - E. R.

❝Il n'est pas de sport plus sain, plus fortifiant, exerçant mieux les muscles, domptant davantage les nerfs que le ski-ing. Là, plus de comparaison fâcheuse de l'homme avec la femme, pouvant montrer que celle-ci ne peut rivaliser avec celui-là, qu'elle est trop faible pour le suivre, que l'effort est trop grand et autres arguments que le sexe fort ne manque pas d'employer [...]. C'est plus l'adresse et l'habileté que l'effort qui entrent en jeu.❞

Marie Marvingt,
in Louis Magnus, *Les Sports d'hiver,* 1911

«Jeux sur les cimes»

C'est vers 1920 qu'Alexandre Castell eut l'idée de rassembler dans un ouvrage ces «souvenirs sportifs», témoignages de quelques personnalités du monde littéraire sur la montagne et les sports d'hiver.

«Le royaume de l'hiver», de Marcelle Tinayre

Nous ne connaissons guère à Paris la figure royale de l'Hiver, avec son casque d'argent et son grand manteau de neige. L'Hiver parisien, c'est un personnage ennuyeux comme la pluie qui l'accompagne, habillé de brouillard, et montrant une figure toujours rechignée avec un nez rouge et des yeux qui pleurent.

Pour supporter cet hôte désagréable, les Parisiens ont inventé cette chose souvent exquise qu'est la vie en société – en bonne société. Les théâtres, les réunions mondaines, toutes les élégances délicieuses de la toilette et du mobilier, toutes les grâces de la conversation, tout ce qui est proprement parisien et que ne détruira jamais l'afflux des cosmopolites, nous ne l'avons porté à la perfection que pour mieux narguer le vieillard-au-rhume-éternel, l'affreux Hiver… Cependant, il y a des gens que la lutte décourage et qui se précipitent, dès que la mode le leur permet, vers le faux printemps de la Côte d'Azur – un printemps un peu trop fardé, comme les actrices à la ville, et un peu traître aussi, mais qui s'enorgueillit de porter, en plein janvier, une fraîche couronne de violettes et de narcisses.

D'autres personnes, qui ont je ne sais quoi d'héroïque dans l'âme et qui, en fait de mode, regardent du côté des Anglo-Saxons, prennent bravement leur parti; puisque Dieu a créé l'Hiver, elles vont le chercher, l'Hiver, jusque chez lui, là-haut, dans son propre royaume, entendez à Chamonix, à Font-Romeu, à Davos, et plus encore, dans les vallées alpestres de l'Engadine, où le soleil déjà tout italien rit sur un décor polaire.

Saint-Moritz, 1856 mètres au-dessus de la mer. Est-ce que ces mots ne vous

font pas courir un frisson entre les épaules? O voyageuse éprise du bel été, fille de la terre latine, qui grelottiez à Paris, si vous avez la fantaisie de grimper jusque dans l'Engadine, que de pelisses n'emporterez-vous pas! Vous jurez que l'on verra seulement le bout de votre nez, parmi vos fourrures. Et vous arriverez un soir, dans un étrange pays, qu'un drôle de petit chemin de fer, propre comme un joujou, relie au monde civilisé. Vous verrez les mille lumières des hôtels piquer la nuit et vous devinerez une blancheur partout répandue… Cela vous paraîtra terrible. Mais le lendemain, quand vous vous lèverez dans votre chambre si tiède, quelqu'un entrera soudain qui vous fera jeter un cri : Le Soleil!… Et quel soleil! Non pas celui de Nice, qui caresse et qui conseille l'indolence et l'amour ; un soleil inconnu de vous, plus fort, plus dur, plus redoutable pour les tendres couleurs de vos robes et de votre teint, un soleil qui chante, par tous ses rayons, l'énergie et la gaîté. Dehors, les montagnes éclatantes ont la tête dans l'azur; un reflet d'argent dessine leurs arêtes à contre-jour, et sur leurs flancs, à leur pied, l'ombre est encore de l'azur, mais léger, transparent, presque liquide. Il y a un lac qui ouvre en été son grand œil vert et bleu, mais qui dort, maintenant, sous la glace. O soleil joyeux et brutal, comme le génie du nord, blancheur, azur, air si léger, qu'il dilate la poitrine et fait palpiter le cœur, qu'avez-vous de commun avec ce qu'on appelle «hiver» dans la plaine? Une foule se répand dans le village où toutes les rues montent ou descendent. On ne voit que des gens vêtus de laine, chaussés de longs skis en bois, ou tirant de petits traîneaux couverts de velours. Sont-ce des hommes ou des femmes? Ce sont des gens qui font du sport. Ils n'ont plus ni race, ni sexe. Ils font du sport.

Voyez les équipes de bobsleihgs, qui s'en vont vers la piste vertigineuse entre des murs de glace. Les *skieurs* glissent d'un trait sur la neige où vos pieds, chaussés de snow-boots, enfonceraient. D'autres se font traîner par un cheval qu'ils conduisent avec deux longues guides. Les petits enfants même, comme des lutins de la montagne, ont chacun leur petite *luge* ou leurs patins de bois. Les couleurs crues jouent, dans la lumière et le blanc qui réverbère la lumière. Et partout, le frisson argentin des sonnailles des traîneaux.

Voici les patinoires, où des hommes graves, armés de crosses et de balais en paille de riz, poussent des choses rondes, qui ressemblent à des bouées de sauvetage, et qui glissent avec une rapidité redoutable. Si ce jeu passionnant vous laisse indifférente, regardez – non sans un peu d'envie – le ballet des patineurs. Tous les virtuoses du patin sont là : les longs Anglais, secs comme des rapaces, les Hollandais gigantesques qui marchent pesamment et qui tout à coup s'envolent au ras de la glace, sur leurs pieds armés d'invisibles ailes; les couples gracieux qui se croisent et décroisent leurs bras, sans se quitter, et la solitaire valseuse qui, du tranchant de son patin, fuit en tournant, les bras étendus, comme si elle poursuivait un rêve…

Midi. Tout flambe d'une flamme claire, immobile, insoutenable. Vous enlevez vos fourrures. Vous étouffez. Est-ce bien l'Hiver?… Vous songez à vos amis qui pataugent et portent cet objet hideux, inconnu sur les hauteurs alpestres; un parapluie… Quelles cartes postales vous allez leur envoyer, ce soir, quand vous aurez pris le thé, au son des tangos, dans le vaste hall scintillant, à l'heure où la vallée devient toute bleue,. et où le casque du Roi Hiver, sur les sommets, brille, et s'éteint lentement, comme une braise.

«A travers les "Champs de jeux" de l'Europe», de Georges Casella

Les Anglais qui furent les premiers touristes, considéraient jadis les Alpes inexplorées comme «le nouveau champ de jeux de l'Europe». Et l'on sait quelles «batailles» prodigieuses se livrèrent entre les pionniers d'outre-Manche et les conquérants latins, le long des murailles des aiguilles et à travers les plaines blanches de hauts névés. Mais ce sont là des épreuves trop rudes et qu'un voyageur a le droit de redouter. Faut-il, pour savourer l'emprise de la montagne, gravir des rocs ou franchir des glaciers? Il le fallait, autrefois, quand les sports d'hiver ne nous étaient pas révélés, quand les villages alpestres dormaient sous un linceul de neige durant des mois et qu'aucun traîneau ne sillonnait les routes libérées. Aujourd'hui l'Alpe hivernale, où tout s'égalise en couleur, la haute cime et le vallon, nous permet sans risques – de jouer le grand jeu réservé aux intrépides. Mais combien le savent, en France?…

Nous avons été les derniers à deviner la portée bienfaisante de la naissance des stations d'hiver dans les Alpes et il a fallu plus de vingt ans pour que nous nous décidions à imiter les Suisses qui depuis longtemps imitaient les Norvégiens. Le ski est désormais adopté. Il a ses fervents et ses champions. Mais nous n'avons pas encore pour les sports d'hiver toute la sympathie qu'ils méritent. Nous méconnaissons l'action bienfaisante des centres alpins. A peine Chamonix commence-t-il à voir chaque année revenir des habitués. Jusqu'alors on y passait, simplement, avec le souci de respecter le traditionnel programme qui consiste à visiter la Mer de Glace, après Gœthe, après les Impératrices, après Hugo, Sand et Dumas. Maintenant on y demeure et l'on y revient l'hiver.

Chez les Suisses, il y a cinquante stations célèbres où l'on pratique le ski, la luge et le bobsleigh sur les pentes neigeuses où le soleil sème des myriades d'étincelles. Cette année quelques écrivains français sont allés visiter ces endroits célèbres, Saint-Moritz, Davos, Pontresina, Arosa, Engelberg, Andermatt, Gstaad, etc. Et ils sont revenus émerveillés de s'être divertis au grand air comme des enfants, d'avoir glissé sur de frêles lattes de bois à travers les forêts déclives, de s'être roulés dans la neige, d'avoir emmagasiné en quelques jours des forces pour une année, et d'avoir éprouvé si profondément la joie de vivre... Rien ne vaut la sensation de goûter sans effort le délice de la vitesse, d'atteindre les cols poudrés d'où la vue s'étend sur un

monde magique, et de se lancer vers un abîme ouaté, dans l'air vif et transparent, dans le silence et la lumière. […]

D'où vient que les sports d'hiver si estimés chez nos voisins ne soient guère pratiqués que dans notre belle vallée de l'Arve? D'où vient que la France soit si en retard sur la Suisse et que notre industrie hôtelière néglige cette source nouvelle de fortune?

J'y songeais en admirant les pentes douces de Saanen-Moser marquées par les skis de lignes parallèles comme un papier vergé. Sans doute croit-on encore dans nos villes qu'il fait froid en montagne durant l'hiver, alors que la chaleur y est plus vive et plus saine que sur la Côte d'Azur.

Faudra-t-il répéter aux craintifs ignorants que c'est la vapeur d'eau et non le froid qui nous soustrait nos calories. Ici l'air est immobile et sec, grisant comme un champagne et débarrassé de toute impureté par l'altitude et la chute des neiges. Et le ski est un sport si facile, si simple, si harmonieux… Deux semaines de séjour là-haut en janvier valent deux mois de repos à la campagne. L'organisme s'y renouvelle, l'esprit s'y rajeunit. On y emmagasine de la santé et de la joie.

«Le Cresta-Run à Saint-Moritz», d'André Fouquières

A vrai dire, nulle piste n'a été étudiée et construite avec plus de soins. Elle est admirablement entretenue, car dès qu'elle a été tant soit peu endommagée par les coureurs ou par la chaleur, on y suspend toutes les performances pour la remettre en état. Les nombreux virages sont calculés avec une exactitude mathématique. On peut les prendre de vitesse, à 100 kilomètres à l'heure et même davantage, sans courir de danger et sans même freiner, si l'on est prudent et adroit. Mais il faut pour cela une longue pratique. Ce n'est que progressivement qu'on atteint à la maîtrise. Tel champion, qui a pris part pendant de longues années à la course, n'est parvenu à sa meilleure forme qu'au treizième hiver.

Les coureurs utilisent exclusivement des *skeletons*, luges d'acier à siège mobile, ou plus exactement à planche, où l'on se couche, la tête en avant. Il faut avoir un traîneau d'excellente qualité. On peut en louer à Saint-Moritz, mais le mieux est d'en posséder un à soi, que l'on connaisse bien. Ces skeletons pèsent de 25 à 50 kilos. Leur poids doit être en rapport avec la taille et la force du lugeur. Il est inexact de dire que la luge pesante est plus vite que la légère : tout dépend de la conduite. […]

La piste est constituée par trois tronçons, établis successivement de bas en haut. Dès que le premier tronçon est achevé – vers la fin de décembre, si les chutes de neige sont normales – le run est ouvert par le Saint-Moritz Tobogganing Club. On fournit ainsi aux coureurs l'occasion de se familiariser pendant une quinzaine de jours avec la partie inférieure du run, qui est aussi la plus facile. Le start se trouve au «Stream Corner». Il est immédiatement suivi du «Straight», une ligne droite de 177 mètres, qui conduit à la première courbe de la piste basse, au «Bulpett's Corner», ainsi nommé en l'honneur du major W. H. Bulpett, qui a travaillé pendant de longues années à l'édification et à l'amélioration du Cresta. Après le «Bulpett's Corner» vient une nouvelle ligne droite de 110 mètres, aboutissant au virage appelé «Scylla», qui passe sous la voie du chemin de fer rhétique. Une autre ligne droite de 60 mètres mène au dernier virage, «Charybde», auquel succède un trajet de 135 mètres en pente très inclinée le «Cresta-Leap». Une montée de 135 mètres, elle aussi très inclinée, précède la fin du run. [...]

Il est assez curieux d'observer, au start, les concurrents. L'un allume une cigarette et la jette aussitôt, pour en allumer une seconde qu'il jette également. Un autre prend une poignée de «cocowine»; un autre, qui vient pourtant de déjeuner, absorbe un sandwich : autant de signes d'une surexcitation à laquelle bien peu échappent. Cependant la piste de glace étincelle au soleil, attendant ses «victimes». Les officiels sont déjà à l'œuvre. Le chronométreur, en compagnie du contrôleur qui lui a été adjoint, vérifie ses instruments; les membres du comité vont prendre place sur le Crows Nest, d'où l'on domine toute la piste, à moins qu'un service spécial ne les appelle en tel ou tel point du parcours, où ils veillent à ce que rien ne fasse obstacle aux coureurs dans cette joute loyale. Soudain, du haut du Crows Nest, le cri retentit : «All ready!» Le numéro 1 prend le départ. Les autres lui succèdent, mais une course n'a lieu que lorsque la précédente est achevée, car il ne doit jamais y avoir qu'un seul lugeur sur la piste. La première épreuve est courue. Une grande animation règne parmi le public, car le temps de chaque concurrent a été annoncé du haut du Crows Nest, dès qu'il est arrivé au «finish». Selon les cas, les parieurs sont enchantés de leur poulain, ou déçus par lui. Mais les non-parieurs ne sont pas les moins ardents à discuter des mérites respectifs des favoris et à les encourager lorsqu'ils remontent au start. Les Anglais considèrent leurs champions avec fierté et assurance. Les Américains manifestent bruyamment leurs sympathies. Les Suisses, silencieux, espèrent que le petit groupe de leurs compatriotes leur fera honneur. Quant aux coureurs, ils reviennent, généralement sans rien dire vers le start, songeant à réparer les erreurs qu'ils ont pu commettre au cours de la première manche. Vers la fin de la seconde épreuve, l'excitation est à son comble. La dernière course va décider du jeu. La plupart du temps, les écarts entre les concurrents sont minimes et se chiffrent par dixièmes de seconde. A peine un coureur est-il arrivé au but que tous les yeux se tournent vers le Crows Nest où le résultat est affiché. Le temps le meilleur est accueilli par des ovations enthousiastes. Mais celui à qui les acclamations sont destinées n'en entend rien, car il est tout en bas, au «finish», enchanté de se retrouver sain et sauf. Bien entendu, ne sont admis à prendre part au «Grand National» que les coureurs d'élite, à qui leurs performances ont valu d'obtenir, au cours de l'hiver ou les saisons précédentes, les couleurs de Tobogganing-Club. Les conditions pour les mériter sont des plus sévères et on ne les accorde qu'à un ou deux heureux chaque année. Parfois même, on ne les décerne pas du tout.

Tels sont les spectacles d'un émouvant intérêt qu'offre aux curieux des sports d'hiver le Cresta-Run de Saint-Moritz. Il est même une catégorie particulière de spectateurs qui ne sont pas parmi les moins assidus de la piste. Ce sont les amateurs de photographie. Sans cesse à l'affût, aux endroits les plus dangereux, ils attendent la «belle chute». Mais c'est là un autre point de vue…

extraits de *Les Jeux sur les cimes,*
textes réunis par Alexandre Castell,
éditions G. Crès & Cie,
Paris, s. d. (années 1920)

La nouvelle glisse

Un point sur l'évolution récente des sports d'hiver, l'avènement du surf et du monoski, suivi d'une mise en garde contre les excès de ce nouveau phénomène sportif.

C'était il y a quelques jours à Courchevel. A la fin d'une séance d'entraînement appliquée, Daniel Mougel, l'un de nos plus brillants slalomeurs, l'un des meilleurs du monde, avait du mal à masquer une réelle amertume. Daniel ne cachait pas qu'il acceptait de plus en plus difficilement que le phénomène «glisse» vole ainsi la vedette au ski alpin. La voix éraflée par une émotion non feinte, il s'en prenait, avec toute la mesure et la gentillesse qui le caractérisent, aux journalistes de tout poil qui, à longueur d'hiver et de colonnes, tressent des couronnes de

lauriers à la glisse et ses pseudo-héros, et brossent, à coup de superlatifs puissants, des portraits complaisants de surfeurs ou monoskieurs dont certains présentent la qualité première de bien occuper le terrain... médiatique. [...] Le monoboum et la déferlante du surf restent des phénomènes essentiellement français. En Amérique du Nord comme chez nos voisins alpins, surfeurs et monoskieurs restent ces marginaux un rien illuminés qui se faisaient remarquer il y a quelques années dans nos stations. Encore que le surf, dont quelques visionnaires pensent qu'il va connaître une progression exponentielle, reçoit un bien bel accueil en Suisse, plutôt à l'avant-garde, et en Autriche, pourtant terre de prédilection de l'alpin et pays de traditions résistant aux changements.

La nouvelle glisse, comme en son temps la nouvelle cuisine ou les nouveaux philosophes, a l'immense mérite de faire l'actualité. De faire rêver. De redonner un second souffle aux sports d'hiver qui en avaient somme toute bien besoin. Pour bien comprendre l'émergence du phénomène glisse, il n'est peut-être pas complètement inutile de se payer un rapide retour en arrière.

Le véritable essor du ski date un peu des années cinquante, mais principalement des années soixante. Il date de l'époque fiévreuse et euphorique qui a vu, sous l'impulsion de l'ingénieur Michaud, dopé aux théories gaulliste et pompidolienne, un aménagement de la montagne à la française s'ériger en modèle de développement. C'est dans les années soixante que sont nées, ou qu'ont grandi, les principales stations françaises. Force est de reconnaître, aujourd'hui, que le «Plan neige» de l'ingénieur Michaud, malgré ses frasques, ses incohérences, ses excès et ses ratés, a eu un formidable effet d'entraînement sur

l'ensemble des massifs français. Il a façonné un formidable terrain de jeu pour tous les candidats au ski, et à la glisse. C'est en France, et pas ailleurs, qu'on peut pratiquer, en 1988, le meilleur ski du monde!

Les années soixante (qui correspondent pour les sports d'hiver à ce que furent 1936 et les congés payés pour les vacances à la mer) marquent l'explosion du ski alpin. Le ski de fond et la randonnée manifestaient bien à cette époque leurs premières vraies velléités, mais bien loin du courant majoritaire raboteur de pistes. Dans les années soixante, le ski était un. Il était alpin. Deux sujets de préoccupation sensibilisaient les apprentis skieurs : la technique et la compétition. Nos équipes nationales flambaient sur toutes les compétitions. Elles mobilisaient l'attention des foules. C'était le temps béni des retransmissions télévisées le dimanche matin après la messe. C'était le temps où nos champions, connus et respectés, recevaient du général de Gaulle la légion d'honneur pour service rendu au sport français. C'était le temps où tous les gamins s'identifiaient à Killy, Goitschel et Périllat. C'étaient les années d'or de la compét'! C'était aussi le temps où, ironie, le mot glisse faisait une entrée discrète dans le Petit Robert...

La fin des années soixante et le début des années soixante-dix ont amorcé un progressif bouleversement dans les habitudes et un grand chambardement dans les valeurs qu'on croyait les plus sûres. Dans la foulée de mai 1968, mais avec un léger décalage, la neige a vécu une mini-révolution. Progressivement, les «plus grandes stations du monde» ont offert aux touristes des boulevards où tout un chacun se prenait pour un as de la spatule. Et pendant que les skieurs du dimanche progressaient, les performances de nos champions passaient au second plan.

Ces mêmes stations, plus préoccupées par la rentabilité immédiate et les taux de remplissage que par la comptabilisation des médailles, ont tout fait pour favoriser le ski de loisir pour un public plus à la recherche de petits plaisirs, d'aventure ouatée, de sensations molletonnées que de compétitions et de technique.

La montagne s'est transformée en gigantesque «ski-land», en un stade ludique pour consommateurs de plaisir, de virages ensoleillés et de bon temps. Le ski et la neige devenaient des objets de consommation banalisés et s'offraient au plus grand nombre. Un peu comme l'eau, la plage et le sable se sont offerts très tôt aux aoûtiens. Le skieur de février n'est en fait que le cousin germain du baigneur de la Côte d'Azur. [...]

En 1987-1988, le surf et le monoski relèguent désormais les comptes rendus de compétition dans les seules pages sportives des quotidiens et dans les colonnes des revues spécialisées. Mieux, ils sont l'image des sports d'hiver. Il n'est pas un dépliant publicitaire, un document promotionnel, une affiche de station qui n'utilise comme support les nouvelles glisses. Nous sommes bel et bien au cœur des années glisse. Au cœur des années fun...

Même s'il est toujours minoritaire (combien y a-t-il de monoskieurs et de surfeurs pour six millions de skieurs? Cinquante mille au grand maximum!), le courant actuel du fun est un courant dominant. Il illustre, en tout état de cause, le refus d'un ski aseptisé dans un espace cadenassé, et symbolise, également, les grandes potentialités offertes par la neige. Il est aussi la résultante actuelle de l'évolution permanente du phénomène ski. Un phénomène qui, faut-il le rappeler, trouve ses racines quelques siècles en arrière. Depuis cent ans que le ski est sport, tous les quinze-vingt ans, avec l'arrivée d'une nouvelle génération, des mutations et des mini-révolutions ont vu le jour. Au début du siècle, dans les années trente, au début des années soixante, le ski a déjà vécu des périodes inventives d'une rare intensité. De 1907 à 1924, le ski de compétition s'est organisé, pour recevoir sa première consécration aux Jeux Olympiques de Chamonix.

Avant la Deuxième Guerre mondiale, les petits montagnards découvraient la glisse sur leur cartable en bois et sur des douves de tonneau. C'était le début des sports d'hiver. Dans les années soixante, l'explosion des loisirs a popularisé définitivement la pratique du ski.

Aujourd'hui, une jeunesse, souvent d'origine citadine, trouve à s'éclater dans les nouvelles disciplines. Il n'y a donc rien de véritablement nouveau. La neige est toujours froide, blanche, glissante. Elle se vit seulement au gré des caprices de la mode et des fantaisies de chacun. Une différence toutefois : aujourd'hui, le jeu n'est plus tout à fait gratuit. Il est moins innocent. Très médiatisé. Beaucoup moins naturel. Signe des temps : le fun n'est déjà plus une plaisanterie. Conséquence d'un succès très rapide? La glisse-jeu s'efface déjà au profit du fun-compét'!

Monoskieurs et surfeurs se sont forgé leur réputation et leur image de marque en se positionnant sur le terrain de la liberté et en adoptant un discours bannissant l'espace étroit des pistes balisées ou des tracés de slalom. Ce discours s'accompagnait parfois d'outrances vis-à-vis du ski traditionnel : ou tu étais glisseur ou tu n'avais rien compris! Or que constate-t-on? Que les compétitions pullulent. Que le monoski et le surf adoptent en la circonstance un conformisme surprenant. Que la société glisseuse polémique farouchement sur des points de règlement. Et que tout le monde planche sur les «armes absolues» pour pistes damées, glacées, et pour... les piquets! [...]

C'est encore dans la poudreuse et sur des pentes vierges, et pas encore dans les champs de bosses et les tracés de slalom (même si le niveau progresse de façon spectaculaire) que le mono et le surf écrivent leur plus belles traces en hommage à la neige et à la glisse. N'en déplaise à la fun génération, elle ne supporte pas encore la comparaison avec le ski alpin sur le terrain de la compétition. Et surtout pas avec la descente, l'épreuve suprême, la formule 1 de la neige. La plus belle expression de la glisse skis aux pieds. J'ai l'air de dénigrer? Pas le moins du monde. Il faut simplement remettre les pendules à l'heure de temps en temps. [...]

Mono et surf ouvrent la porte à des sensations si fortes qu'elles ne se racontent pas, mais se vivent, planche aux pieds. Dommage simplement que cette montée spectaculaire et méritée dans les sondages s'accompagne d'une baisse de notoriété du ski alpin. Pas méritée du tout, elle...

Gilles Chappaz,
in *Montagnes magazine*,
n°100, 1988

ALBERTVILLE 92

XVIe Jeux d'hiver : 8-23 février 1992

2000 athlètes, représentant environ 60 pays. 1 million de spectateurs et 2 milliards de téléspectateurs attendus.

13 sites, répartis sur 1600 km²

Albertville
Cérémonies d'ouverture et de clôture.
Patinage de vitesse, patinage artistique
Danse sur glace et short track

Les Arcs
Ski de vitesse (en démonstration)

Courchevel
Saut et combiné nordique

Les Menuires/Val Thorens
Slalom spécial hommes

Méribel
Ski alpin dames et hockey sur glace

La Plagne
Bobsleigh et luge

Pralognan-la-Vanoise
Curling (en démonstration)

Les Saisies
Biathlon et ski de fond

Tignes
Ski artistique et acrobatique : bosses, ballet et saut (en démonstration).

Val d'Isère
Ski alpin hommes (sauf slalom spécial)

QUELQUES CHIFFRES

-Skieurs alpins dans le monde : 45 millions. (dont 40% en Europe, 22% au Canada et aux Etats-Unis, et 18% au Japon).

-Skieurs de fond dans le monde : 11, 7 millions.

-Ventes mondiales de skis : 6, 2 mi!llions en 1988-89.

-80 fabricants dans le monde. En 1988 :

Rossignol-Dynastar, 24% de la production
Atomic-Dynamic, 16%
Fischer-Kästle, 12%
Head-Tyrolia, 10%

Répartition des fabricants en 1988 :
42% en Autriche, 27% en France,
8% aux Etats-Unis, 8% au Japon.

CHRONOLOGIE

1874 Création du Club alpin français.
1883 Création en Norvège du plus ancien club, le Ski Club Christiania.
1884 A Saint-Moritz, construction de la Cresta-Run, première piste pour traîneaux.
1888 Fridtjof Nansen traverse le Groenland à ski.
1892 Création à Scheveningen de la Fédération internationale de patinage (International Skating Union).
1893 Premier championnat du monde de patinage de vitesse à Amsterdam.
1896 Premier championnat du monde de patinage artistique à Saint-Pétersbourg.
1901 Première édition des Jeux Nordiques : ils auront lieu tous les quatre ans, jusqu'en 1926 (sauf pendant la guerre)
1903-1904 Création à Briançon d'une «Ecole normale de ski».
1907 Premier concours international de ski de Montgenèvre, organisé par le Club alpin français.
1908 Apparition des fédérations de ski en Norvège et en Suède.
Concours de ski de Chamonix.
J.O. de Londres : première compétition de patinage artistique.
1910 Création d'une Commission internationale du ski.
1920 Le hockey sur glace est inscrit au programme des J. O. d'Anvers.
1922 Première édition de la Vasaloppet, course de fond en Suède, sur 86 km.
1923 Création de la Fédération internationale de bobsleigh et de luge.
1924 La Commission devient Fédération internationale du ski (F.I.S.) et création de la Fédération française (F.F.S.).
Jeux de Chamonix
1928 Jeux de Saint-Moritz
1932 Jeux de Lake Placid
1935 Premiers téléskis avec siège à Saint-Moritz et Davos, en Suisse.
1936 Jeux de Garmish-Partenkirchen : le ski alpin est admis au programme.
1937 Premier championnat du monde de ski alpin (remporté par Emile Allais).
1950 Nouvelle épreuve aux championnats du monde de ski : le slalom géant.
1948 Jeux de Saint-Moritz : Henri Oreiller remporte la descente et le combiné.
1952 Jeux d'Oslo. Introduction du slalom géant au programme.
1956 Jeux de Cortina d'Ampezzo
1960 Jeux de Squaw-valley
1964 Jeux d'Innsbruck
1968 Jeux de Grenoble
1972 Jeux de Sapporo
1976 Jeux d'Innsbruck
1980 Jeux de Lake Placid
1984 Jeux de Sarajevo
1988 Jeux de Calgary. Introduction du super G au programme.
1992 Jeux d'Albertville

	1924 CHAMONIX	1928 SAINT-MORITZ	1932 LAKE PLACID	1936 GARMISCH-PARTENKIRCHEN	1948 SAINT-MORITZ	1952 OSLO	1956 CORTINA D'AMPEZZO
PATINAGE ARTISTIQUE							
Messieurs	Grafström SU	Grafström SU	Shaefer AUT	Shaefer AUT	Button USA	Button USA	Jenkins USA
Dames	Plank Szabo AUT	Henie NOR	Henie NOR	Henie NOR	Scott CAN	Altwegg GB	Albright USA
Couples	Englemann-Berger AUT	Joly-Brunet FRA	Brunet-Brunet FRA	Herber-Baier ALL	Lannoy-Baugnier BEL	Falk-Falk ALL	Schwarz-Oppelt AUT
Danse							
PATINAGE DE VITESSE							
Messieurs							
- 500 m	Jewtraw USA	Thunberg FIN Evensen NOR	Shea USA	Ballangrud NOR	Helgesen NOR	Henry USA	Grichine URSS
- 1000 m							
- 1500 m	Thunberg FIN	Thunberg FIN	Shea USA	Mathiesen NOR	Farstad NOR	Andersen NOR	Grichine/ Mikhailov URSS
- 5000 m	Thunberg FIN	Ballangrud NOR	Jaffee USA	Ballangrud NOR	Liaklev NOR	Andersen NOR	Schilkov URSS
- 10000 m	Skutnabb FIN		Jaffee USA	Ballangrud NOR	Seyffarth SUE	Andersen NOR	Ericsson SUE
Dames							
- 500 m							
- 1000 m							
- 1500 m							
- 3000 m							

1960	1964	1968	1972	1976	1980	1984	1988
SQUAW VALLEY	INNSBRUCK	GRENOBLE	SAPPORO	INNSBRUCK	LAKE PLACID	SARAJEVO	CALGARY
Jenkins USA	Schnelldorfer ALL	Schwarz AUT	Nepela TCH	Curry GB	Cousins GB	Hamilton USA	Boitano USA
Heiss USA	Dijkstra Pays-Bas	Fleming USA	Schuba AUT	Hamill USA	Poetzch RDA	Witt RDA	Witt RDA
Wagner-Paul CAN	Beloussova-Protopopov URSS	Beloussova-Protopopov URSS	Rodnina-Ulanov URSS	Rodnina Zaitsev URSS	Rodnina Zaitsev URSS	Valova-Vassiliev URSS	Gordeeva-Grinkov URSS
				Pakhomova-Gorskhov URSS	Linichuk-Karponosov USA	Torvill-Dean GB	Bestemianova Bukin URSS
Grichine URSS	McDermott USA	Keller RFA	Keller RFA	Kulikov URSS	Heiden USA	Fokitchev URSS	Mey RDA
				Mueller USA	Heiden USA	Boucher CAN	Gouliaev URSS
Aas NOR Grischin URSS	Antson URSS	Verkerk Pays-Bas	Schenck Pays-Bas	Stocholt NOR	Heiden USA	Boucher CAN	Hoffmann RDA
Kosichkin URSS	Johanesen NOR	Maier NOR	Schenck Pays-Bas	Stensen NOR	Heiden USA	Gustavson SUE	Gustavson SUE
Johanesen NOR	Nilsson SUE	Höeglin SUE	Schenck HOL	Kleine Pays-Bas	Heiden USA	Malkov URSS	Gustavson SUE
Haase ALL	Skoblikova URSS	Titova URSS	Henning USA	Young USA	Enke RDA	Rothenburger RDA	Blair USA
Guseva URSS	Skoblikova URSS	Gejssen Pays-Bas	Plufg RDA	Averina URSS	Petrusheva URSS	Enke RDA	Rothenburger RDA
Skoblikova URSS	Skoblikova URSS	Mustonen FIN	Holum USA	Stepenskaya URSS	Borckink Pays-Bas	Enke RDA	Van Gennip Pays-Bas
Skoblikova URSS	Skoblikova URSS	Schut Pays-Bas	Baas-Kaiser Pays-Bas	Averina URSS	Jensen NOR	Schoene RDA	Van Gennip Pays-Bas

	1924	1928	1932	1936	1948	1952	1956
SKI NORDIQUE							
Messieurs							
- 15/18 km	Haug NOR	Gröttums-braaten NOR	Utterström SUE	Larsson SUE	Lundstrom SUE	Brenden NOR	Brenden NOR
- 30 km							Hakuliner FIN
- 50 km	Haug NOR	Hedlund SUE	Saarinen FIN	Vicklund SUE	Karlsson SUE	Hakulinen FIN	Jernberg SUE
- Biathlon 4 x 7,5 km							
- Combiné saut/fond	Haug NOR	Gröttums-braaten NOR	Gröttums-braaten NOR	Hagen NOR	Hasu FIN	Slattvik NOR	Sternesen NOR
- Saut 70 m							
- Saut 90 m	Thams NOR	Andersen NOR	Ruud NOR	Ruud NOR	Hugsted NOR	Bergmann NOR	Hyvaeriner FIN
- Relais 4 x 10				Finlande	Suède	Finlande	URSS
- Biathlon 10 km							
- Biathlon 20 km							
Dames							
- 5 km							
- 10 km						Widerman FIN	Kosyryeva URSS
- 20 km							
- Relais 3 x 5							Finlande
- Relais 4 x 5							
HOCKEY	Canada	Canada	Canada	GB	Canada	Canada	URSS

1960	1964	1968	1972	1976	1980	1984	1988
Bursveen NOR	Mantyranta FIN	Grönningen NOR	Lundback SUE	Bajukov URSS	Wassberg SUE	Svan SUE	Deviatiarov URSS
Jernberg NOR	Mantyranta FIN	Nones ITA	Vedenin URSS	Saveliev URSS	Zimiatov URSS	Zimiatov URSS	Prokourorov URSS
Hamalainen FIN	Jernberg SUE	Ellefsäter NOR	Tyldum NOR	Formo NOR	Zimiatov URSS	Wassberg SUE	Svan SUE
	URSS	URSS	URSS	URSS	URSS	URSS	URSS
Thoma ALL	Knutsen NOR	Keller RFA	Wehling RDA	Wehling RDA	Wehling RDA	Sandberg NOR	Kempf SUI
	Kankkonen FIN	Raska TCH	Kasaya JAP	Aschenbach RDA	Weissflog AUT	Innauer RDA	Nykaenen FIN
Recknagel ALL	Engan NOR	Beloussov URSS	Fortuna POL	Schnalbl AUT	Tormanen FIN	Nykaenen FIN	Nykaenen FIN
Finlande	Suède	Norvège	URSS	Finlande	URSS	Suède	Suède
					Ullrich RDA	Kvalloss NOR	Roetsch RDA
Lestander SUE	Melanjin URSS	Solberg NOR	Solberg NOR	Kruglov URSS	Aliabiev URSS	Angerer RFA	Roetsch RDA
	Boyarskich URSS	Gustafsson SUE	Kulakova URSS	Takalo FIN	Smetanina URSS	Hämaelainen FIN	Matikainen FIN
Gusakova URSS	Boyarskikh URSS	Gustafsson SUE	Kulakova URSS	Smetanina URSS	Petzold RDA	Hämaelainen FIN	Ventsene URSS
						FIN	URSS
Suède	URSS	Norvège	URSS				
				URSS	RDA	Norvège	URSS
USA	URSS	URSS	URSS	URSS	USA	URSS	URSS

	1924	1928	1932	1936	1948	1952	1956
BOBSLEIGH - à quatre	Suisse	USA	USA	Suisse	USA	Allemagne	Suisse
- à deux			USA	USA	Suisse	Allemagne	Italie
SKI ALPIN Messieurs - Combiné				Pfnuer RFA	Oreiller FRA	Eriksen NOR	Sailer AUT
- Descente					Oreiller FRA	Colo ITA	Sailer AUT
- Slalom spécial					Reinalter SUI	Schneider AUT	Sailer AUT
- Slalom géant						Eriksen NOR	Sailer AUT
- Slalom super-G							
Dames - Descente					Schlunegger SUI	Beiser AUT	Berthod SUI
- Slalom spécial					Frazer USA	Lawrence USA	Colliard SUI
- Slalom géant						Lawrence USA	Reichert ALL
- Slalom super-G							
- Combiné				Cranz ALL	Beiser AUT		Berthod SUI
LUGE Messieurs - Simple							
- Double							
Dames - Simple							

1960	1964	1968	1972	1976	1980	1984	1988
	Canada	Italie	Suisse	RDA	RDA	RDA	Suisse
	GB	Italie	RFA	RDA	Suisse	RDA	URSS
Périllat FRA	Leitner RFA	Killy FRA	Thoeni ITA	Thoeni ITA	Mahre USA		Strolz AUT
Vuarnet FRA	Zimmermann AUT	Killy FRA	Russi SUI	Klammer AUT	Stock AUT	Johnson USA	Zurbriggen SUI
Hinterseer AUT	Stiegler AUT	Killy FRA	Fernandez-Ochoa ESP	Gros ITA	Stenmark SUE	Mahre USA	Tomba ITA
Staub SUI	Bonlieu FRA	Killy FRA	Thoeni ITA	Hemmi SUI	Stenmark SUE	Julen SUI	Tomba ITA
							Piccard FRA
Biebl ALL	Haas AUT	Pall AUT	Nadig SUI	Mittermaier RFA	Moser-Proell AUT	Figini SUI	Kiehl RFA
Heggtveit CAN	Goitschel FRA	Goitschel FRA	Cochran USA	Mittermaier RFA	Wenzel Liechtenstein	Magoni ITA	Schneider SUI
Ruegg SUI	Goitschel FRA	Greene CAN	Nadig SUI	Kreiner CAN	Wenzel Liechtenstein	Amstrong USA	Schneider SUI
							Wolf AUT
Heggtveit CAN	Goitschel FRA	Greene CAN	Proell AUT	Mittermaier RFA	Wenzel Liechtenstein		Watcher AUT
	Kohler ALL	Schmid AUT	Schneidel RDA	Gunther RDA	Glass RDA	Hildegartner ITA	Muller RDA
	Freismantl-- Stengl AUT	Bonsack-Koehler RDA	Hilgartner-Plaikner ITA Horlein-Bredow RDA	Rinn Hahn RDA	Rinn Hahn RDA	Stangassinger Wenbacher RFA	Hoffmann-Pietzsch RDA
	Enderlein RFA	Lechner ITA	Muller RDA	Schumann RDA	Zuzolia USA	Martin RDA	Walter RDA

BIBLIOGRAPHIE

-Ouvrages du même auteur

L'Epopée du ski, Arthaud, 1981.

Les Alpinistes, Arthaud, 1984.

A la conquête du Mont-Blanc, Gallimard, 1986.

Le Mont Blanc, Arthaud, 1986.

-Bibliographie générale

Balzac, Honoré de, *Séraphita*, 1852.

Benson, E.F., *Winter Sport in Switzerland*, 1913.

Berg, G., *The Origin and the Development of the Skis throughout the ages. Finds of Skis from prehistoric Time in Swedish Dogs and Marshes*, Stockholm, 1950.

Brooke, A.C., *A Winter in Lapland and Sweden*, 1827.

Caufield, V., *Ski-ing Turns*, 1922.

Clerc, capitaine, *Rapports sur les expériences de ski exécutées dans les environs de Briançon par le 159e régiment d'infanterie au cours des hivers 1900-1901 et 1901-1902*, 1902; *Rapport sur les expériences de marches en skis exécutées à Briançon durant l'hiver 1902-1903 avec le concours de la mission norvégienne*, 1903.

Engel, C.E., «Écrivains du ski d'autrefois» (*Revue du ski*, 1934); «Skieurs d'autrefois» (*Revue du ski*, 1935); «Skieuses romantiques» (*Le Curieux*, 1937); «La découverte du ski» (*Patrie Suisse*, 1945); «Comment un Valaisan inventa le ski» (*Patrie Suisse*), 1945; «Qui inventa le ski» (*Miroir de l'histoire*, 1972).

Flower, R., *The Story of Ski-ing and other Winter Sports*, London, 1976.

Gauthier, J., *En montagne*, 1897.

Helly, J., *Cent ans de ski français*, 1968.

Hoek H. et Richardson E.C., *Der Schilauf*, 1907.

Lang, Serge, *Le ski et autres sports d'hiver*, Paris, Larousse, 1967.

Lunn, Arnold, *The Story of ski-ing*, 1952; *Histoire du ski*, 1953; *The Kandahar Story*, 1969.

Magnus, Louis, «Les sports d'hiver» (*L'Encyclopédie des sports*, 1924).

Magnus, Louis et Frégeolière, Renaud de la, *Les sports d'hiver*, 1911.

Magnus, Olaus, *Charta marina et descripto septentrionalium terrarum*, 1539; *Historia de gentibus septentrionalibus*, 1555.

Martinière, R. de la, *Voyage des pays septentrionaux*, 1671; *Nouveau voyage vers le Septentrion*, 1708 (édition «pirate» de l'ouvrage précédent).

Mogore, Christian, *La Grande Histoire des Jeux Olympiques d'hiver*, préface d'Émile Allais, Chambéry, Agraf, 1990.

Mogore, Christian, *La Grande Histoire du ski*, préface d'Honoré Bonnet, Chambéry, Agraf, 1990.

Nansen, Fridtjof, *A travers le Groenland*, trad. Ch. Rabot, 1893; «A travers le Groenland» (Revue *Le Tour du Monde,* 1891).

Paulcke, Wilhelm, *Der Schilauf*, traduction d'Achard 1905, 1898.

Payot, Michel, «Sports d'hiver» (*Manuel d'alpinisme du Club alpin français,* 1904).

Scheffer, Johan, *Laponia*, 1670 (édition ultérieure en français et en hollandais), *Histoire de la Laponie*, Paris, 1678 (Veuve Olivier de Varennes).

Vallet, Stéphane, *Les Jeux Olympiques d'hiver*, Paris, La Manufacture, 1988.

Zdarsky, Mathias, *Lilenfelder Skilauf-Teknik*, 1896.

TABLE DES ILLUSTRATIONS

COUVERTURE

OUVERTURE

CHAPITRE I

CHAPITRE II

CHAPITRE III

CHAPITRE IV

TEMOIGNAGES ET DOCUMENTS

118b Planche représentant des Samoyèdes, XVIIe s.
119h Couple de Samoyèdes avec représentation de ski, XVIIIe siècle.
119b «La glace rompue, souvenir de Norwège», gravure de Gustave Doré.
120 Gravure de G. de Staal pour *Séraphita,* de Balzac, éd. Maresq et Lévy, 1867.
122 Valseurs sur glace à Chamonix, 1909.
123 Carte postale vers 1900.
124 Affiche pour les chemins de fer Martigny-Orsières, le Grand Saint Bernard.
125 Enfants à Chamonix en 1924.
127 Lugeurs vers 1900, carte postale.
128 Femmes à ski, carte postale.
130 Gravure de mode, années 1920-1930.
131 L'équipe des dames au concours de ski de Chamonix en 1908, carte postale.
132-133 «Wintersport in Salzburg», illustrations de Pellegrini, années 1910.
134 L'Anglais A. Bott au départ de la Cresta Run à Saint-Moritz, couverture de *Jeux sur les cimes, souvenirs sportifs,* publié par A. Castell, éd. G. Crès & Cie, vers 1920.
135 Publicité pour l'hôtel Cachat's Majestic à Chamonix.
137 Affiche (détail) des chemins de fer du midi pour Superbagnères-Luchon.
140 Skieur à Garmish-Partenkirchen, en 1991.
141 Surfeur.
143 Skieur en 1938 à Megève, photographie de Willy Ronis.
144 Panorama des sites olympiques pour 1992, illustration de Pierre Novat.
152 Skieur dans les années 1950.

INDEX

A

B

C

D - E - F

CRÉDITS PHOTOGRAPHIQUES

Agence France Presse, Paris 78b, 79g, 85h, 86b, 87. Angel-Sirot Paris 1, 2-3, 4-5, 6-7, 10-11, 22b, 29h, 48, 66b, 68-69h, 68b, 77g, 125. Bettman/UPI, New-York 90b. Bibliothèque nationale, Paris 77d, 78h. Chappaz (Sylvie) 95, 99b, 100-101b, 101h, 106, 111, 141. Coll. Yves Ballu 1er plat, dos et 4e plat de couverture, 13, 14, 15, 16, 16-17b, 17, 18h, 18b, 19, 20h, 20b, 21, 22h, 23, 24b, 26b, 27b, 28h, 28b, 29b, 30, 31h, 31b, 32, 33, 34h, 34b, 35h, 35b, 36h, 36b, 37h, 37b, 38, 39h, 39b, 40, 41, 42-43h, 42b, 43b, 44h, 44-45, 45h, 46, 47h, 47b, 48-49, 49, 50-51, 52-53, 54-55, 56, 57h, 57b, 58, 59h, 59b, 60, 61h, 61m, 62h, 62b, 63, 64-65, 66h, 67g, 69b, 70, 71h, 71b, 72, 73g, 73d, 74h, 74b, 75, 79h, 83h, 85b, 96h, 96b, 97h, 97b, 98h, 98b, 100h, 102, 103, 105hd, 108h, 109, 112, 114, 116-117, 118h, 118b, 119h, 119b, 120, 123, 124, 127, 128, 130, 131, 132-133, 134, 135, 137, D.R. 25b, 26h, 27h, 120. Edimédia, Paris 82-83b. Keystone, Paris 76, 82-83h. Magnum/Marc Riboud 88-89; Magnum/Robert Capa 84. Office du tourisme de Megève 110d. Presse-Sports, Issy-les-Moulineaux 67d, 80, 81g, 86h, 91, 92g, 92d, 93. Rapho/Gamet, Paris 94; Rapho/Willy Ronis, Paris 143; Rapho/Tulane, Paris 108hd. Roger-Viollet, Paris 8-9, 24-25h, 99h, 110g, 113, 122, 152. Rossignol 107h, 107b, 140. Sipa Icono, Paris 81d, 90h.

REMERCIEMENTS

L'auteur et les éditions Gallimard remercient Gilles Chappaz, rédacteur en chef de la revue *Ski français* de la Fédération française de ski, la famille Francis Roux-Devillas, la société Rossignol à Voiron, Mr Bellaton et les établissements Pomagalski, Françoise Skotnicka et le service de presse du C.O.J.O., Annick Burnier de l'Office de tourisme de Megève.

COLLABORATEURS EXTÉRIEURS

Maquette : Dominique Dubois et Didier Pujos. Lecture-correction : Simone Sentz-Michel et Max de Carvalho. Palmarès : Maryline Gatepaille.

Table des matières